Ability To Understand Another One

共情沟通

征服人心的艺术

赵群辉——著

北方文艺出版社

图书在版编目（CIP）数据

共情沟通：征服人心的艺术 / 赵群辉著 .-- 哈尔滨：北方文艺出版社，2019.11（2021.7 重印）
ISBN 978-7-5317-4668-3

Ⅰ.①共… Ⅱ.①赵… Ⅲ.①心理交往－通俗读物 Ⅳ.① C912.11-49

中国版本图书馆 CIP 数据核字（2019）第 226862 号

共情沟通：征服人心的艺术
Gongqing Goutong Zhengfu Renxin de Yishu

作　者 / 赵群辉

责任编辑 / 富翔强　赵　芳	装帧设计 / 达摩平面设计事务所
出版发行 / 北方文艺出版社	邮　编 / 150008
发行电话 /（0451）86825533	经　销 / 新华书店
地　址 / 哈尔滨市南岗区宣庆小区 1 号楼	网　址 / www.bfwy.com
印　刷 / 天津旭非印刷有限公司	开　本 / 880×1230　1/32
字　数 / 150 千	印　张 / 8
版　次 / 2019 年 11 月第 1 版	印　次 / 2021 年 7 月第 2 次印刷
书　号 / ISBN 978-7-5317-4668-3	定　价 / 42.80 元

序言

人人都需要学习的完美沟通术

闲来无事的时候,我总喜欢听高晓松的《晓说》来打发时间。

在《YY未来世界》那一期节目中,有这样一段话令我记忆深刻,大意是:科技使人类获得巨大进步,在潜移默化中影响和改变了人们的日常生活,但与此同时,科技进步也对世界造成了无法忽视的冲击。比方说人类的许多制度可能会失去效用,许多职业可能会消失,但这些职业中有些却永远不会消失。例如文学创作——"讲故事"这一职业。

我偶尔也会浏览公众号的文章。有一天,我看到一篇名为《比你失业更可怕的是,你孩子即将失业》的文章这样写道:"在未来世界,人工智能将会替代诸如司机、翻译、速记员之类的职业,但涉及需要进行情感交流的职业时,人工智能就无法替代了。"

闻名全球的美国石油大亨洛克菲勒曾经说过:"假如人际沟通能力也是同糖或咖啡一样的商品的话,我愿意付出比太阳底下任何东

西都昂贵的价格购买这种能力。"

由此可见，沟通在人类生活中，扮演着多么重要的角色。过去，我一直认为"聊天"是人类与生俱来的能力，无须去刻意学习。直到在图书市场上发现大量"如何提高沟通技巧"这类主题的书籍时，我才意识到"聊天"这一在日常生活中看似平常的事，已成了困扰人们的一大难题。

有些人性格内向，在寻求外界帮助时不知道该如何开口；有些人性格外向，与人沟通时却缺乏艺术性，把握不好尺度，很容易刺伤他人；有些人在公共场合讲话时，紧张到语无伦次；更有甚者，说话不合时宜，不分场合，徒惹尴尬，这些都被认为是"情商低"的表现。

不久前，我拜访了一位平时"能说会道"的老朋友。在与其秉烛夜谈的过程中，我惊讶地发现，他对如何与人交流沟通，竟也深感困惑。

针对周围朋友在沟通交流上的困惑，我特意撰写本书，旨在分享一些个人的"聊天"技巧。希望读者朋友们能够通过阅读和思考，提高与人交流和沟通的能力，让自己在日常生活和工作中的表达更为精准，更有分寸；人际关系更加融洽，更能获得他人认可；工作更有效率；生活中更风趣幽默，交到更多朋友，从而获得幸福和欢喜。

在本书中，我将重点为大家介绍完美沟通所需要的四大"言值"力和五大沟通维度。

四大言值力：自在力、升值力、说服力和应变力；五大维度：好感度、准确度、信任度、迎合度和活跃度。

好感度，即交流时给人留下的第一印象。好感度比较高的人，通常会给人留下"与他相处很舒服"的感觉。

准确度，即说话的分寸感、逻辑力。准确度较高的人，在任何场合都能准确而有条理地表达出自己的观点和看法，便于对方接受和理解。

信任度，即你在直觉感性的印象下，给别人留下的理性印记。信任度较高的人，通常会让人觉得很"靠谱"。

迎合度，即你在与人交流时所表现出来的一种控制力。双方在交流的过程中，如果气氛和谐而轻松，那么你恰到好处的迎合与回应，则会增加对方的舒适体验，同时为整个谈话带来意想不到的收获。

活跃度，即双方交流之后持续的推进和后续的维护，让你们的一次成功交流成为后续交往延绵不断的情感纽带。

同时，我撰写本书，还希望能够帮助读者朋友们打造与人交流和沟通的核心观念。这一核心观念涵盖了大多数人在工作和生活中遇到的沟通问题，即通过技巧给人留下好的印象；通过聊天创造好的氛围；通过表达达到交流的目的；通过交流创造有效的沟通。

在本书后续的内容中，我将针对上述内容详细地展开，希望能够带领读者朋友们，循序渐进地深入理解沟通四大核心观念的含义，以及沟通的四大言值力和五大维度。同时，我也希望本书的读者，都能够在轻松快乐的氛围中，获得丰富的沟通技巧和愉悦的阅读体验。

目 录
CONTENTS

第一章
将心比心，知己知彼，天下没有难做的沟通

这世上总有人懂你，也总有人值得你懂 _ 002

让对方有所得，他才会接受你的话 _ 010

舍才能得：让别人心甘情愿帮你忙的四种方法 _ 020

第二章
90%的人，都被短时间内形成的标签左右着思维

你的声音价值百万 _ 030

用一见如故降低你的沟通成本 _ 037

自我介绍就是自我营销 _ 048

每一次亮相，都不打无准备之仗 _ 058

第三章
我不是站在你对面，而是站在你旁边

感同身受，不只是说说而已 _ 066

读懂对方，就是一场高能解码 _ 075

别做情感交流的施暴者 _ 085

第四章
真正的高情商，都是先共情再否定

成熟的人，总懂得消除认知偏差 _ 096

我只想说服你，而不是反驳你 _ 105

心甘情愿说好，温和坚定说不 _ 114

方法对了，覆水可收 _ 121

尴尬，是困境也是出口 _ 129

第五章
共情式表达,从受欢迎到被需要

幽默感很多时候就是分寸感 _ 138

"眼力见儿"的三层境界 _ 147

用好听的话"袭击"对方隐藏的虚荣心 _ 155

场面话也可以很真诚 _ 164

细节,为情商加分的利器 _ 172

打圆场是门技术活 _ 182

第六章
共情沟通,看不见的竞争力

读懂刁难背后的为什么 _ 194

三步法,让麻烦的客户成为自己人 _ 205

用领导的想法说服领导 _ 214

好上司的必修课:别让下属带着情绪工作 _ 224

聪明的人,都会把前老板变成资源 _ 234

结语

GONG

QING

GOUTONG

ZHENG

FU

REN XIN

DE

YI SHU

第 一 章

将心比心，
知己知彼，
天下没有难做的沟通

这世上总有人懂你，也总有人值得你懂

在日常生活和工作中，我们都离不开沟通，而将话说到别人心坎儿里去，可以让别人对你的好感度成倍增加！

大家可以试着回想一下，能将话说到你心坎儿里的人都有谁呢？

俗话说，知子莫若父——可能有你的爸妈；知交懂冷暖——可能有你的挚友闺蜜；还有就是能掐会算的算命先生。试想一下，你往广济寺门口一站，不一会儿，就会围过来好几个大爷大妈，他们有说你印堂发黑的，有说你天庭饱满的，有说你官运亨通的，有说你即将大难临头的……众说纷纭，总有一款适合你。

说实话，我真觉得我们应该多跟骗子、传销、算命先生这一类人打交道，这样有助于提升我们的智商和防骗技能。当然，我把算命先生跟前两者放在一起，并不意味着我不尊重他们的职业，相反，我其实是在夸他们会说话。有时候，他们能让你相信，甚至坚信——你会官运亨通、桃花遍地，因为他们把话说到你心坎儿里了。

那么，我们要怎样才能像算命先生那样把话说到对方的心坎儿

第一章

将心比心，知己知彼，天下没有难做的沟通

里呢？

以我本人为例，在个人发展学会，我需要组织会议，培训学员，最近还办了一个"十四天沟通训练营"，所以忙得不可开交，只能抓住一切零碎时间读书、学习。

很多同事看到了，都会安慰我几句。像我的损友阿楠就会说："你的黑眼圈已经像半永久烟熏妆了！"单位的女同事会说："小哥哥，你这是要准备飞天吗？"

但是我单位的一位董老师可就跟他们不一样了。她是这样说的："大飞，我跟你说，活儿是干不完的，该休息就得休息，所以，今天晚上的饭局，不管是谁组织的，你都不用去。你不用磨不开面子，我帮你挡着。对了，你要的那本英国原版书我给你拿来了，然后我再给你一个我朋友的电话，他是上海外国语大学的教授，他那边好像有没出版的翻译本，应该对你有帮助。"

我当时真是感激涕零！

认真分析，董老师的话之所以让我动容，是因为她的话质朴走心，而且能切实为我提供帮助。要知道，真诚的帮助和精神上的陪伴，都能让人感受到发自内心的关怀。

我觉得，人在心灵空虚的时候是最不设防的，所以，这个时候也最容易把话说到人的心坎儿里。换言之，当你不够自信时，需要具体的鼓励；当你遭遇困苦时，需要真诚的抚慰；当你困惑迷惘时，需要智慧的指引。这些真诚的、切实的话，能触碰你心中最柔软的地方，能让你感受到：原来，还是有人懂我的。接下来，我们来看看以下几种情况。

第一，把赞美或鼓励的话说到人的心坎儿里。

心理学研究表明，人类在受到鼓励和赞美时，身体会分泌一种多巴胺，这种多巴胺可以使人感觉愉悦，因而更容易接纳别人。只是，当我们夸赞别人时，如果当事人对自己的某些优点已经习以为常了，那你蜻蜓点水似的赞美，通常不会起到什么作用。

比如你赞美乒乓球冠军张继科说："继科，你乒乓球打得真好。"

这种赞美毫无营养。但是，如果你跟他说："继科，你唱歌真好听。"那么，他就会觉得你很会夸人。

赞美别人的话不但要具体，还要独特。

比如你看到对方颜值很高，不是说你不能夸他/她帅或者美，但是考虑一下，这些话他们一定已经听过无数遍了，你多添的这一句不会产生多大的影响。但是，如果你能感觉到对方是个比较理智、成熟的人，何不问一句："有没有人说过你特别像一个大哥哥/大姐姐？"

这时候，对方的好奇心一下就被勾起来了："为什么这样说？"

这时候，你的赞美之词就可以正式登场了："虽然你长得特别年轻/漂亮，但是你说话的时候有一种很会呵护人的感觉。我觉得你很

第一章
将心比心，知己知彼，天下没有难做的沟通

会体谅人，应该会是一个好哥哥/好姐姐。"

瞧，这一下，好看也夸了，内在也夸了。而且，即使对方不是这样的人，也会很受用。其实，人人都认为自己付出了很多，就像人人照镜子的时候都会"自带滤镜"，自我美化20%一样。

换个角度夸也会收到同样的效果："可能很多人都说你成熟理性，但我看得出来，其实你挺小女生/容易信赖别人的，你希望别人也能关心你。"

这其实是一句废话，但是你用赞美的口气说，就会让对方欣然接受。其实，算命先生的套路就是这样的，他们往往会说："你经历了很多烂桃花，因为你心地特别善良，内心总是希望自己多付出一些，所以，你总是被辜负。"

你听了后，就会在心里默骂一遍前任，然后心想：我就是对人太好，心地太善良了，算得真准。

随着沟通的不断深入，你也可以这样夸别人："虽然有人说你有点儿孩子气，做事情不够仔细，但我看得出来，你其实是一个挺成熟的人，有很多自己的想法，但是可能怕别人误解你，所以就很少对人说。"

要知道，这种话对每个人都有效，因为这种话能让对方感受到理解和接纳。

与一些身份地位相对较高的人接触时，你的赞美更需要讲究方法。比如我们每个人都希望成为对方最重要的人，所以，当我们听到"我只对你说这些信息""我只告诉你"这样的话时，心里会产生一种"我很特别"的感觉。

我曾跟我的学员讲过一些赞美的小技巧，现在分享给各位。比如你想要采访一位名人，就可以这样说："不好意思，打扰了。我们想请您就××问题说一下您的看法，大概只要三分钟就够了。听说您每天早上六点钟都会到江边散步思考。如果可以的话，能不能在这个时间把您最新的思考讲给我们这些关注并且喜爱您的人听听呢？"

如果没有特殊原因，你占用的时间不长、你提的问题引起了他的思考、你的身份是喜爱而且关注他的人，那么，他为什么不接受你的采访呢？

第二，把安慰的话说到对方心坎儿里。

俗话说，好钢用在刀刃上，好话说在心坎儿里。要想把话说到对方心坎儿里，你首先要理解对方。

有些人说话说不到位，是因为他无法准确地理解别人想要传达的意思。理解上出了偏差，自然没法给出正确的回应，因此，就容易给人一种对牛弹琴的感觉。当然，更深层次的原因还有很多。比如说过度解读别人说的话，自以为是地认为对方话里有话，然后曲解对方的意思。这样做的话，别提把话说到对方心坎儿里去，不挨揍就要烧高香了。所以，我们要谈论的话题，是建立在准确理解对

第一章
将心比心，知己知彼，天下没有难做的沟通

方意思的基础上的。在这个前提下，我们要学会认同对方的感受。

我认识一些人，当别人找他们"吐槽"，倾诉内心的苦处时，他们总喜欢讲人生的大道理。仔细想想看，大家都是成年人，有什么道理不知道呢？所以，"人生自古谁无死，凡事看开活得长""我还不是一样，又不是只有你难受"之类的话，能不说就不说。

对方找你倾诉，是想把郁积在心里的话说出来，被你真切地感受到。所以同理，当我们想安慰对方，但找不到切入点的时候，至少要让对方感受到我们的理解。在这种情况下，最简单的方法就是重复对方说过的话："唉，你刚才说，生活怎么就这么难呢？我也这么觉得！"

这种方法虽然看着很简单，但取得的效果很好——将对方说过的话重复一遍，或者换个角度、换个方式再解释一下，可以让对方感受到我们与他是站在同一立场的，因此，他会从潜意识里认同你。所以，如果有人找你诉苦，说他总是加班，每天都很累，而你却不负责任地说："资本家都一个德行，又不是光压榨你一个人！"这样说，不是给人家添堵吗？

当然，如果你真的熟悉、理解对方，那么你自然就会知道他的心结是什么。如果朋友因为没有评上某项奖项而难过，你就可以带他去看一场喜剧电影，帮他将压力真正地释放出来。

很多时候，我们需要的是被理解和认同。这时候，如果有人懂得我们内心的想法，我们就会觉得对方是我们的知己，以后一定要多多交往。因此，我们要推己及人，理解和认同他人，这样才能快速走进对方的内心。

第三，把请求或要求说到对方心坎儿里。

我们首先要注意观察，然后根据对方的状态和情绪来决定提要求的方式和内容。

比如看到大家正斗志昂扬，你就可以说："嗨！每次看到你们工作时认真的样子，我都觉得特别受鼓舞！咱们要不要再加把劲儿，干一场大的？如果能按期完成任务，领导说会给大家发双倍奖金！"

如果员工们刚从之前的工作中脱离出来，满身疲惫，你就可以说："辛苦了！这两天大家要好好休息，等养好了精气神，我们再攻下更大的堡垒，年终奖和海岛游在向我们招手啊！"

其次，激励或鼓励比直白的表达更有效。如果员工最近工作效率较低，没有按时完成工作任务，但是你要给他布置新的工作或者需要他帮忙，那么你要先肯定他之前所有的努力，然后帮他分析原因，最后再提出合理的要求和安排。

比如你可以这样说："我知道你最近事情太多，有点儿忙不过来。咱们上班呢就好好干活，下班了就好好休息。别忘了，这边还有新工作等着你呢，千万别崩溃啊，我们大家都需要你。我可以帮你想想怎么理顺这些事情，分出个轻重缓急来。接下来的任务虽然

第一章

将心比心，知己知彼，天下没有难做的沟通

更重一些，但你肯定会做得更好。加油，升职加薪不远了！"

如果你是个一名主管，想让员工完成这个月的工作任务，最好的方法不是耳提面命地指点员工如何着手，而是告诉他们公司目前的状况，然后问他们："你们觉得自己这个月可以做些什么？"

有时候，让员工自发地提出工作计划，会比直接指派工作效果更好。引导式的话语，更容易直达心坎儿，让对方变得主动。

最后，尽量少说一些抱怨、讽刺或者批评的话。当然了，抱怨和责备的话其实也能说到对方的心坎儿里，只不过作用是相反的。你所在的部门工作出了问题，你唠叨一句"怎么总是我们组这么倒霉呢？"对方听了，如果不是他的错，他会觉得自己被误会了；如果是他的错，他又会觉得是自己拖了大家的后腿，心理压力更大。还有些人喜欢责备他人，可是要知道，问题已经产生了，赶快找出原因，解决问题才是正经事，责备起不到任何积极的作用，反而会打击大家的工作积极性。

其实，我们每个人身上都有别人体会不到的痛苦、旁人感受不到的难处。正所谓：幸福的家庭是相似的，不幸的家庭各有各的不幸。有时候，我们不用刻意去说什么，但是心里一定要相信，在这个世界，总有人懂你，也总有人值得你懂。

让对方有所得，他才会接受你的话

前段时间，朋友阿楠给我发了一个网页链接，然后告诉我他在一个商学院意外学到了一些与人沟通的技巧，想要跟我一起分享。于是，我打开链接读了起来。在读的过程中，我看到了一个新词汇，叫作"语义效应"。我对这个词有点儿好奇，鉴于阿楠听过商学院的课程，我便问他这个词是什么意思。

阿楠狡黠地一笑，接着给我讲了下面这个故事。

从前，有个基督徒问神父："神父，我可以在祷告的时候吸烟吗？"

神父回答他："当然不可以。祷告的时候必须非常虔诚，怎么能吸烟呢？"

这个基督徒想了想，换了一种问法："那请问神父，在吸烟的时候，我可以祷告吗？"

神父的回答是："当然可以。孩子，在任何时候，你都可以祷告。"

第一章
将心比心，知己知彼，天下没有难做的沟通

阿楠讲完故事后，兴冲冲地问我："怎么样？这个故事听起来很有意思吧？同样的一件事情，选择不同的问法，竟然获得了截然不同的答案。为什么？因为这'同一件事情，不同的问法'所表达的'语义'，是不一样的。"

我想了想，觉得有点儿奇怪，就跟阿楠说："这个好像不是'语义效应'，更像是我们语言学当中的'语序效应'——变换一下用词和说话的顺序，就可以表达出不一样的意思。比如'屡战屡败'和'屡败屡战'这两个我们耳熟能详的成语，前者听起来像是一出悲剧，后者则是个英雄！"

阿楠挠了挠头，觉得我说得对。

所以，我在这里告诉大家一个职场中的小窍门：在跟领导汇报不成功的工作时，最好不要说"我们努力了好几次，但是都没有成功"，你应该说的是"虽然前几次没有达成我们的目标，但是我们一直在努力调整"。

瞧瞧，稍微调整一下语序，表达出来的意思和感觉是不是就不一样了？后者是不是明显比前者积极多了？

但不管是语序还是语义，这些例子都告诉了我们一个核心思想：**要想让别人觉得你会说话，你的表达需要让对方有获得感和积极感，而不是失去感和消极感。**

这一核心思想，就是沟通五个维度中的迎合度。

在此，我选择了职场中我们最需要迎合和展现技巧的三个场景来进行分析：面对利益攸关的领导提建议；面对情感相连的亲朋唱反调；面对陌生的人群展示自己。

现在，我们分别来看看。

第一，面对利益攸关的领导提建议。

在日常生活和工作中，与他人产生分歧是无法避免的——在职场中体现得尤为明显。面对同一件事情或工作，不同的人有不同的处理方式。但如果我们在工作中同上司出现分歧时，该怎样委婉地将自己的意思表达出来呢？

我先给读者朋友们举个例子：

假设你是个直肠子，想给上级领导提意见。于是，你直截了当地开口说："领导，我觉得咱们部门有问题。"

领导愣住了："什么问题？"

"那些用户的投诉跟我们部门没有关系。后台服务器旧了，所以回复慢、丢失信息这种事儿经常发生，我们也没有办法。公司不更换设备，出了问题只会批评我们，太不公平了。"

领导必然会问："那你觉得该怎么办？"

你短时间内拿不出具体的解决办法，所以一时语塞了。这时候，领导当然很生气，极有可能会连珠炮一样地说你一顿："怎么？你觉得我的工作方法有问题？要不明天我给你腾地方？还是你觉得你完

第一章
将心比心，知己知彼，天下没有难做的沟通

不成我的工作任务，需要我给你调整岗位？"

我们暂且不讨论你提的意见对不对。首先，你在提意见或者建议的时候，完全没有考虑领导能从你的言语之中得到什么。你的一番话不但会让领导觉得自己没被尊重，还会反过来想：你是谁啊？敢这么跟我说话？

更错误的地方在于：你只会提意见，不会提建议——你只看到了问题所在，却没有提出改进的方法。这样的谈话方式，很容易让对方觉得你只是想发牢骚或抱怨，而不是来解决问题的。

所以，建议读者朋友们参考一下下面的表达方式——在面对同样的问题时，换种说法，或许可以让你事半功倍。

当你发现问题时，首先要想一想，如果你是负责人，会怎么解决这些问题。之后，在提意见时，一定要让领导从你的话中得到有用的信息。

你可以这样说："领导，最近前台的投诉率有点高，我查了一下客户的留言，发现大家都反映我们的工作人员态度很好，服务也很到位，只是查询信息要等的时间太长了，经常耽误事。咱们的设备都用了好多年了，总是出故障，十分影响服务体验，您看是不是可以更换一下呢？这正好也符合您今年提出的提高服务质量的要求。"

这样说，是不是听起来就舒服多了？

因为在这种表述方式中，领导至少得到了三样信息：自己手下的员工是被用户肯定的，改进的方法是简单的，员工与自己是同心同德的。

而上述每一项信息，都足以让他欢喜。那么，在欢喜的基础上，想必他对你的意见会多加留心！

对了，这时候，还请读者朋友们注意一个小问题：在提上面的建议时，千万不能改变语序。你要先说问题，然后再说解决办法，证明自己与同事正在努力改进。如果你开口便说我们多么多么努力，但用户投诉还是有很多……那容易在领导的脑海中形成一个先入为主的印象——你办事不力。而这种印象，对你百害而无一利。

第二，面对情感相连的亲朋唱反调。

谈到"被人唱反调"，想必是我们每个人都曾经历过的情况吧。滋味不好受，还失面子，特别是该"唱反调"的人还是同我们情感相连的亲朋好友。

在这里，我给读者朋友们分享一个"被唱反调丢面子"，然后又巧妙"补"回来的小故事。

小贾是我的朋友，上海男人，听说特别擅长做菜。

有一次，我带朋友阿楠去他家做客，小贾兴致勃勃地说："今天我下厨，给你们露两手。"

然后，他在厨房忙活了两个小时，终于做出了四道菜：油爆虾、白斩鸡、红烧肉和酒香草头。菜端上来后，卖相是真的不错，但是

第一章

将心比心，知己知彼，天下没有难做的沟通

我和阿楠拿起筷子尝时，却发现小贾盐放多了，咸，超级咸，吃得我和阿楠脸色都变了。

阿楠打趣说："小贾，你到底是闸北的，还是东北的啊！"

小贾的妻子也尝了一口，老公做了这么一道菜，她自然是感觉很丢面子的，何况还被阿楠"唱反调"打趣。

可是她说："老公，你今天做的这个菜颜色特别正，火候也刚刚好，不过要是盐少一点儿的话，就更完美了。我帮你再加一点儿糖，这样就正好下酒了，哪有上来就端下饭菜的啊。"

小贾知道自己盐放多了，于是说："等等哈，我回回锅，马上就来。"然后端着菜一路小跑进了厨房。

这时，阿楠偷偷跟我比了比大拇指。我知道他不是夸菜，是夸女主人，这话说得真到位啊。菜上丢的面子，话上全补回来了！

细细思量，女主人不是简单地不在外人面前丢脸面，而是不给老公丢情面。她看似玩笑的话里，既让老公听得懂话里的意思，又让老公获得了尊重和足够的肯定。这里面就不单单是应用语序的技巧了——她先肯定，再说但是。而且，她在但是之后还增加了期待和信任，认为老公可以更完美，这样被批评者获得的就不是批评，而是鼓励了。

实际上，哪怕是非常熟悉的同事、亲戚和朋友之间也不应该被公然"唱反调"对待，不要总认为"没事，我们谁跟谁"。须知，越亲近的人被毫不留情地唱反调，就越容易有失落感和被嫌弃的感觉，这是我们在日常生活中都需要避免的。

第三，面对陌生的人群展示自己。

中国传统文化推崇谦虚谨慎，但是，随着时代的发展，人们越来越看重个人的"自我展示"。在当今这个时代，过分的谦虚并不受人待见。新时代的我们，更希望在交流过程中能够直观、迅速、准确地了解对方。

但是，过分的直白和夸大仍然不讨人喜欢。试想一下，当你向新客户推销自己的产品时，开口就说："我的东西你尽管用，绝对没问题，质量非常过硬。我刚才来的时候，看到你们的走廊里放着某某公司（竞争对手）的产品。跟你说实话，他们的东西其实质量很差，充其量只能骗骗外行。"

这样说，很直白，而且运用了强烈的对比。但这样就可以让对方信任你吗？不，你反而会得罪对方。这时候，对方可能会抬抬眼皮，没好气地说："这么说，我是个大外行，让人给骗了？既然我这么外行，那您还跟我聊什么啊？您还是找一个懂行的人介绍吧。"

这种隐藏在比较后面的思维方式虽然司空见惯，但越来越不被认可。因为你的这种比较和贬损让我们失去了尊严感和我们每个人对自己的理性判断的自信。在这个年代，自信是我们多么需要又多么难控制的一个东西啊！

第一章
将心比心，知己知彼，天下没有难做的沟通

从前，经常听到家长开口闭口就是"你看那谁家的谁，你看看人家"，这样的表达方式是不是令人很反感？同理，你小时候有多反感家长口中的"谁家的谁"，现在作为客户的你就有多反感"人家效率高的公司用的都是我们的产品"之类的表达。这时候，客户内心不自觉就形成了一首绕口令：你的意思是我们公司效率不高？用了你们的产品效率就高？不用你们的产品效率就不高？如果用了你们的，效率还是不高怎么办？你们凭什么保证让我们效率提高？要是有那么多效率高的公司用了你们的产品，那你来我们这里干什么？

所以，我们在推销时是要讲究技巧的，越是这个时候，越要让对方觉得有获得感！

打个比方，假设你要向客户推荐一款空气净化器，你可以这样说："您好，我们这款空气净化器来自瑞典，整机原装进口，单位时间内空气循环量非常高，很适合您家这种大户型使用。"

客户听了后会感兴趣，但还是犹豫："我看那边有的品牌，跟你家产品的参数差不多，才三千多，只是你们一半的价格。"

这时候，你可以接着说："这款机器的风机保修期是十年。您知道，空气净化器每天都要用，所以使用寿命是个很重要的参数。我们的滤芯在每天平均使用十二小时的情况下能正常使用一年，超过行业平均水平一倍。滤芯价格不便宜，一年下来，也是一笔不小的开销。现在购买我们产品的话，还送两套原装滤芯，也就是说，三年内您都不需要额外消费了。"

大家应当都习惯网络购物了吧？同等条件下，十六块钱包邮的物品比标价十块钱，但需要另付五块钱邮费的物品要受欢迎得多。原因就在于另付邮费让消费者感觉到自己失去了邮费，但包邮却可以让消费者觉得自己得到了实惠——你所有的金钱都是用于购买货物本身，而无须额外付出其他服务费用。同样，用了你推销的空气净化器，客户得到的是三年内不用再额外消费了，省心又省钱。而在通常情况下，客户不会去算每台机器的使用时间，更不会去算三年的通货膨胀率。

同理，推销自己也一样。

我曾见过有的领导，但凡开会，必当众吹嘘一遍自己的丰功伟绩。而这种自吹自擂，只会惹人反感。

但我有一位导师，他在自我推荐时便恰到好处。我记得他在结束一门选修课的时候是这样说的："同学们，这门课到今天为止就全部结束了，课后我会发给大家一份课外阅读书目。这门课的主要内容并不是我独有的发明和发现，我参考了某某和某某的作品（某某系本专业泰斗级人物）。但是在这样的比较中，我发现了一系列问题，大家听课很认真，相信大家对这些问题也一定会有更进一步的思考，下课。"

这位导师的自我谦虚和自我推荐配比非常精准，并且给了我

第一章
将心比心，知己知彼，天下没有难做的沟通

们肯定、鼓励和期待，在自我推荐的同时，让我们的好感度也迅速上升。

其实，我一直很不喜欢在各种专业名词前面加一个"××效应"，用来提高所谓的专业性，以吸引眼球，所以我很少用这种的词；同样，我也不是很喜欢用那些"十五天给你带来……"这样不够负责任的、给人所谓获得感的宣传语。所以总结的话我会这样说：语序带来不同的落点和不同的感受，记得在交流的时候把积极的落点放在最后；肯定和鼓励带来情感的维系，记得在交流的时候要有真诚的鼓励；同理心带来信任感，记得在交流的时候要让对方有所收获。

"会说话"这个命题不大，也不难，记得在每一次沟通中让对方有所得就好，别太计较自己失去了什么。

◇ **共情沟通：征服人心的艺术**

舍才能得：让别人心甘情愿帮你忙的四种方法

现代社会是高度集成化的，随着人类利用和改造自然的程度越来越深入，我们在日常工作和生活中将越来越依赖于团队协作，也就是说，在现在以及往后的日子里，我们一个人可以单独完成的事情，会变得越来越少。

所以，当你遇到困难的时候，最好是对眼前活生生的人提出请求，而不是一个人单独面对这一切。

比如你是一个正在实习的应届毕业生，实习期眼看着就要结束了，你却还没有完成任务；或者你这个月有五千块的账单要付，可是你手头只能凑出三千块。这时，你便不得不开口寻求他人的帮助。但是，别人是否愿意帮你，并不是看你面临的情况有多紧急，而是看你如何表达需求。

所以，在这一章节里，我们便来学习一下：如何说服别人心甘情愿地帮你的忙？

第一章
将心比心，知己知彼，天下没有难做的沟通

第一，你最好给出一个令人信服的理由。

你为了寻求他人的帮助，给出的理由可以是真实的，也可以是你临时编出来的。我的意思并不是要让你去骗人，因为有时候，一个简单的理由会便于别人理解。换位思考一下，如果有人过来找我们帮忙，要帮忙的事情是举手之劳，而且他有充分的理由，那相信我们也不会轻易拒绝的——这是每个受过社会化教育的人的正常反应。

哈佛大学的一位心理学教授进行过一场实验，用来测试人们对别人提出的请求会做何回应，以及如果在求助时加上一些心理暗示，人们又会怎样回应。

研究人员找到了一家复印店，然后随便挑了一个正在门口排队的人问："真抱歉打扰您，我这里有五页文件，能让我先复印吗？"因为他没有提出充分的理由，因此，有60%的人拒绝了这个插队的请求。

随后，研究人员加上了一个理由："真抱歉打扰您，我这里有五页急用的文件要复印，您能让我先复印吗？"

"急用"这个理由是不是很粗糙？因为我要复印，所以我想先复印。但是，就是这样一个简单的理由，竟然有高达93%的人几乎不假思索就同意把位置让出来了。但是，如果我们再加一个条件——五页文件换成二十页，那么人们就会考虑一下，不会答应得那么痛快了。

从这个实验的结果可以看出，如果你需要求助，那么无论如何，你都要先想出一个理由。理由的充分与否和事情的难易程度成正比。如果你求助的事情是小事，那么理由可以简单一点儿；如果你求助的是大事，那么理由就要更加充分，让人难以拒绝。比如在前面这个案例中，你就可以说："先生，真的很抱歉打扰您，但我这里有二十页文件急等着复印，如果晚了，我可能会被辞退，您能让我先复印吗？"

这就是把对方不提供帮助所带来的最坏后果告诉对方，给对方一个心理暗示。注意，这并不等同于道德绑架，因为对方不是一定要提供帮助，而且即便对方不帮忙，你也没有理由责怪对方。

这就是为什么在机场或者火车站，有人气喘吁吁地跑进来说："对不起，能让我先过一下吗？我的飞机（火车）还有五分钟就要结束安检了，麻烦您能通融一下吗？"遇到这种情况，我们通常都会给予帮助。在这里，我要强调一下，求助的时候，哪怕你很脆弱，也没必要痛哭流涕。因为和流眼泪相比，准确地说出你当下最紧迫的需求，对求得帮助更有利。

第二，恰当的赞美能让你更容易得到帮助。

我们这里所说的赞美，不是在求助时夸对方"你真好看"，而是要让对方知道，眼下这件事只有对方能帮忙——"非你不可"。也可以这样说，当你向一个人求助时，实际上对他是一种变相的赞美。

第一章
将心比心,知己知彼,天下没有难做的沟通

道理很简单,和对方相比,自己的能力不够,所以才要寻找对方帮忙。比如上司让你做一个月度分析表,眼看着deadline(截止日期)就要到了,你还没做完,这时,你就可以去找同事求助:"刘哥,能不能受累帮我看一眼,我这个表怎么总是出错呢?我记得你做的表每次都是优秀模板,所以你一定得帮我这个忙。"

通常来说,只要我们赞美的是对方真正具有的能力,那么求助的成功率就会很高。我们可以反向思考一下,如果有人来找你求助,需要用到的正好是你的长处,并且对方一直在说"这件事一定得你来做""只有你能救我了",你的内心是不是有一丝窃喜和得意?因此,向他人求助时,不要吝惜赞美之词,这样更容易获得帮助。

第三,降低难度能让帮助来得更猛烈些。

请求帮助本来就是给对方添麻烦的事,所以,我们要先给对方提供方便,把"麻烦"对方的程度降到最低,这样对方才会更容易帮你。而且,当你把对方帮助你时可能遇到的障碍都扫清了,对方就更不好拒绝你了。

我来举个例子。比如你有一个创业项目,想让人帮你引荐业内的投资人。对方答应可以介绍投资人给你认识,那么你接下来该怎么做呢?你可能会想到赞美对方,于是说:"幸亏遇到了您,否则我连投资圈的门槛都摸不到,接下来,要请您多费心了。"

如果你的求助到此为止,那你的创业之路恐怕也就到此为止了。

因为你想想看，对方这样的角色，平时工作肯定也很忙，他在向别人介绍你的项目时要费很多口舌。每介绍一次，就要从头说一遍，如果别人有问题，他还要帮忙解答。换了你，你愿意做这样的免费推广吗？如果你像这样求助，说得刻薄一些，和跟人伸手要钱没什么区别。

所以，正确的做法应该是这样："谢谢您的肯定和推荐，要不是认识了您，我肯定没机会直接接触投资圈。我稍后会把这个项目的具体介绍和投资人可能感兴趣的问题都整理好，打印几份，然后再连同电子版一起发给您，时间合适的话，得麻烦您帮我转交给投资人。谢谢您的帮忙，日后还要请您多多指教。"

要知道，对方既然主动提出想介绍人给你认识，那肯定是愿意帮助你的。你又安排得这么周全，对方就更没有拒绝的理由了。所以，你在求助时，要做的就是尽一切努力为对方提供方便，让他能够把心思和能力都用到给你帮忙这件事上。

当然，有时候，将你的求助进行分解，把难度降低，也是可行的。

曾经有个著名的实验，实验方在招募志愿者时，会先问对方："你愿不愿意做两年的志愿者？"这样的结果是成功率非常低，因为谁能一下子许诺两年的时间内不发生变动呢？

但如果换个方式问："你可以做两个小时的志愿者吗？"

第一章
将心比心，知己知彼，天下没有难做的沟通

对方就会觉得很简单，这个可以。然后你再跟上说："接下来，我们希望能和像您这样的优秀志愿者多次合作，对此，我们特别感激。"这时候，答应成为志愿者的比率就会提高到50%。为什么会这样呢？因为我们更容易答应比较简单的要求。

另外，当你想向别人求助时，如果你求助的问题比较复杂，而且不是一次就能解决的，你也可以有目的地"诱导"对方。诱导，其实是一种循序渐进的心理暗示。你要先让对方对你求助的事情感兴趣，然后让对方从一点儿小事开始帮忙，让他们感觉比较容易上手，能够从中获得成就感，直到最后愿意为你提供帮助。

和大家分享一个非常经典的故事：

《纽约时报》总编的助理要退休了，他现在急需一个新助理。他早就看中了一个接班人，对方是一个刚刚辞职的年轻外交官，有过很多有趣的经历，并且非常富有活力，是他属意的人选。但他知道，这个人非常热爱自由，所以才会从外交官岗位上辞职。如果贸然让他来报社工作，他一定不会答应。于是，总编想到了一个主意。他先请外交官一起吃了顿饭，然后邀请对方去自己的报社坐坐。

因为《纽约时报》很有影响力，外交官也想去报社参观一下，于是欣然接受了邀请。到了报社之后，总编带着外交官四处转了转，"正好"来到了国际评论部，而部门主管"正好"不在。这时，又"正好"收到了一份国际通讯，总编就请外交官帮忙写一篇简短的社论。这正是外交官的强项,所以他没怎么多想就答应了。

社论发表之后,得到了社会公众的广泛赞赏,总编把读者反馈拿给外交官看,然后对他说:"你看,评论部的老约翰生病了,起码两个月都没法来上班。在这期间,你能帮我继续写社论吗?如果可以的话,可真是帮了我的大忙了。"

这时候,外交官感觉自己受到了肯定,同时也觉得帮这个忙并不困难,于是就答应了下来。从这之后,总编不但让他帮忙写社论,还慢慢让他尝试写其他文章。最后,他负责起了整版的专题报道。这时,总编表明了心意:请外交官做自己的助理。外交官这时候已经对新闻行业产生了浓厚的兴趣,就痛快地答应了总编的请求。

从这个例子中,我们可以看出,如果直接的请求不好说出口,就要徐徐诱导对方,让对方不断受到肯定的刺激。如果对方一时认为自己无法胜任,我们也要通过诱导让对方建立信心,最终愿意向我们提供帮助。

第四,如果助人就是助己,成功率就更高。

前一段时间,朋友小威老家出了点儿事,急需他回去处理。但是单位正缺人手,领导的意思是小威请假可以,但是要自己找人代班。小威找了几个同事,对方都说自己家里的事情也很多,实在没法帮忙。我们几个朋友就给他出了个主意。

第二天,小威又去找了一个同事。这次,他先向对方表明了来

第一章

将心比心，知己知彼，天下没有难做的沟通

意：麻烦对方帮忙代班。对方没有马上说不行，而是面露难色——那就证明有戏。于是，还没等对方开口，小威马上接着说："我这次请了一个星期的假，等我回来之后，你下个月的班都由我来代。"

看得出来，对方这时有点儿动摇了。然后小威接着说："你帮我代班，我的全勤奖还会照发，这个奖金也是你应得的。另外，我这周请假，下周我替你。正好快过五一了，到时你就可以跟五一小长假连起来，出去玩个痛快，怎么样？"听到这里，同事立刻点头答应了。

所以，我们最好让对方明白，通过帮助你，他自己也是可以受益的。有了受益感，他就会乐意提供帮助。虽说对方的初衷并不是想占你的便宜，但是如果刚好能有一份额外的收益，那么他何乐而不为呢？这就好比你在做销售的时候，价格谈得差不多了，这时你再给出优惠，哪怕优惠的力度很小，对方也会立刻和你签约。

所以说，交换条件这种手段虽然很简单，但是非常有用。

文章读到了此处，想必读者朋友们一定都学会了我所列举的四种方法，也希望读者朋友们能够在日常生活和工作中对此多加运用，人生之路能多遇贵人提携，前程一片坦途。

GONG

QING

GOUTONG

ZHENG

FU

REN XIN

DE

YI SHU

第 二 章

90% 的人，
都被短时间内
形成的标签左右着思维

你的声音价值百万

最近,我常常会听到一些年轻人被父母逼着相亲的趣事,当然,随之而来的还有对各种相亲对象的吐槽。有的男孩说,自己的相亲对象不够漂亮,不够贤淑;有的女孩说,对方不够绅士。

其实,相亲的男女双方不过才见了短短数面,很难做到全面了解一个人。他们所做的大部分判断,往往来源于第一印象,而这个第一印象,会影响他们下一步是不是还要同对方继续交往。

由此可见与人交往中第一印象的重要性。那么,到底该如何维护我们的第一印象呢?

在这里,我们不会探讨衣着礼仪上的一些问题,而是把侧重点放在有效运用语言的交流沟通,留给对方一个好的印象上。

与人沟通的第一步,也是最为关键的一步:美化你的声音。动听的声音如同姣好的容貌,会在交流沟通中给人留下一个极好的印象。好的声音是无价之宝,在适当的场合运用好自己的声音,可以让你价值百万。

第二章
90%的人,都被短时间内形成的标签左右着思维

在此,我先来分享几段个人的人生经历:

有一天,我下班的时候已经是深夜了,便打算跟朋友阿楠在公司楼下喝一杯酒再回家。结果旁边走来一位气质典雅的职场女性,看样子是想同我们搭讪。

记得那天我很累,不太想说话。如果我当时带着保温杯,肯定会把它拿出来往吧台上一拍:"老板,给我来一壶女儿红,加热,放枸杞。"

见我不说话,美女问:"你怎么不说话?"

阿楠笑嘻嘻地冲她开玩笑:"请他说话是要钱的,很贵!"

我分不出阿楠这是在夸我,还是在损我,但效果甚好。他也没说错,我的本职工作的确是"卖声"的。

这些年,我们听过很多诸如"字如其人""文如其人"的说法,我个人觉得很有道理。但与此同时,我也赞同"声如其人"。**声音不仅是一个人立体的展示,更是与人交流的第一个台阶,是你感知世界的一种角度,也是你抒发情感的一种方式。**

有一次,我跟国内某知名化妆品公司的老总聊天,她说的一段话至今让我记忆深刻。

她说:"大飞老师,你知道吗?在我们公司,所有的大区经理都需要锻炼一下声音。"

"锻炼声音?你们为什么要锻炼声音呢?对工作有帮助吗?"

"当然啦！"她自信满满地说，"我们从事的是化妆品行业，使命就是带给客户一种'美'的体验。而这种美应该是全方位的、由内而外散发出来的。声音是我们展示美的重要组成部分，所以我们在向客户介绍我们的产品时，必须是美丽的。"

我听完后目瞪口呆，当时便在心里暗想：这位老板是不是有些过于偏执了？

无独有偶，一家知名航空公司负责培训的朋友也向我发出了邀请："大飞老师，我们想请您来给我们公司的员工做一下声音培训，旨在提高飞机舱内的服务质量，优化旅客的出行体验。因此，空乘们的声音也需要做相应调整，希望能更加亲切自然，最好是有点儿个性。"

一家位列世界五百强的家电公司的售后服务部门领导也同我说过，希望我去他的部门对员工进行相关的培训，以确保售后服务电话里传出来的是一种非常动听的声音，从而带给用户更好的体验。

上述的这些事例都说明：在现代社会，越来越多的人开始重视自身声音的修饰了。

其实，声音锻炼并没有很难。接下来，我将分享一些让自身声音变好听的小妙招。

一、想让声音优美动听，要先学会让声音圆润集中

每个人的音色不一样，喜欢的声音也千差万别，但即便这样，

第二章
90%的人，都被短时间内形成的标签左右着思维

我们也不能否认共性的存在。比如声音圆润集中目前还是社会公众的主流审美以及共性所在。

一个在人文历史方面颇有研究的朋友跟我讲过："北方人之所以比南方人更加'高声大嗓'，是缘于饮食的习惯。北方人以面食为主，进食方式是吞咽，后口腔开度大，所以产生的共鸣多；南方人以米饭为主，进食方式是咀嚼，所以咬字时常用口腔前部发声，声音也偏细。"

他的话有一定的道理。的确，声音要有口腔共鸣，有共鸣的话，声音就会显得圆润集中。共鸣来源于各个共鸣腔体，我们在此不展开详细叙述，只强调一下口腔共鸣。

相信大家都知道一个简单的道理，共鸣腔体越大，共鸣就越强。张大口腔会带来更多的共鸣，声音也会更集中。但我要强调的是，张大口腔不是要我们盲目地张大嘴，而是要像打哈欠一样张开后口腔——软腭的部分。为了让声音变得好听，你需要做的事是多打打哈欠，并试着用后口腔这个部位来发声音。

有一个大家可能没有注意到的小知识：普通话里70%以上的音节都需要我们张开口腔来发声。你如果不打开自己的口腔，除了语音不标准外，声音也不会好听。

如果你想让自身声音变得好听、有力量、容易被信任，那集中圆润是非常重要的一点。所以，在日常生活中，希望大家对此予以

注意，平时大声朗读的时候要打开口腔，多练多说，口腔共鸣自然就会越来越多，声音也会变得越来越好听。

二、想让声音亲切自然，要学会让声音积极外送

众所周知，声音是需要发送出去的，而且，这种送出去的感觉要非常明显，明显到足以让对方感受到你的交流欲望。有些人的声音本身就很好，但为了让自己的声音更好听，他们在与人交流的时候会刻意将声音收回来或是压着喉咙说话。这时候，他们自己可能会觉得挺好听的，但事实却并非如此。因为，我们自己听到的声音有一部分是通过骨骼传导过来的，而传到别人耳中的声音则是通过空气传导的，如果压着喉咙，声音是无法完全外送出去的，有时候还会让人觉得你畏首畏尾，或者根本就不想说话。

此外，有些人在说话的时候，声音听上去很小。这并不是因为分贝低，而是因为声音没有发送出去。所以，要是环境稍稍嘈杂一点儿、空间稍大一点儿，听者便无法清晰地听到声音。这个时候，你需要练习的只是声音的外送。

方法很简单，用意念。

练习的时候，找一面墙或者一个物品来练习。想象说话的时候，每一个字都化为一颗子弹，直接射到那面墙或者物体上。照此练习，随着时间的推移，你的目标感和交流感自然就提高了。因为你的唇舌运动会向中间集中，目标会向远处延伸，吐字自然越来越向外。

这就是为什么我们喜欢说话清脆响亮、掷地有声，而不是含糊不清的原因。

三、想让声音富有感染力，要学会让声音高低变化

在日常生活中，我们还可以看到这样一些人，他们说话声音圆润有感染力，但是一到正式场合或者公共场合讲话，他们就没有气势了。

什么原因呢？

一是因为不自然，声音扁平化发出，缺少变化，也就缺少了吸引力。这里的变化包括很多方面，但最重要的是高低变化。

众所周知，普通话的基本句式是一个拱桥形，从低到高，再从高到低。我们大部分人缺少打动人的力量，原因就在于说话声音太平。仔细观察那些说话有感染力的领导和老板，他们在公开场合讲话的时候，其感染力大都来自语调的高低变化。

所以，要想让自己的声音富有感染力，学会声音高低变化就很重要。

在练习这一点上，建议大家从最基本的练习开始，然后平时说话时多加注意，将高低变化融入其中，久而久之，你也可以变成一个声音有魅力的人。

圆润集中可以让我们的声音变得自然动听、扎实有力——这是声音的好感度和信任度；积极外送可以让我们显得热情洋溢、真诚

坦然——这是声音的迎合度；富于变化则让我们的表达更有感染力——这是声音的活跃度。用这样的声音做交流的载体，就好比一个人穿上了华贵的礼服，瞬间身价百万；有了这样的表达状态，自然让你交流起来事半功倍，魅力四射！

你的声音价值百万，绝不是一句妄言，它每时每刻都从各个方面影响着你。

用一见如故降低你的沟通成本

中国古人曾对人生的几大乐事做过这样的总结和描述：久旱逢甘雨，他乡遇故知，洞房花烛夜，金榜题名时。

随着时代的发展，人口流动性越来越强，越来越多的年轻人选择在陌生的城市里奋斗。于是，"故乡"便成了人们心灵中一处想起来有些熟悉却又有些酸涩的栖居地。

若能在人来人往的陌生城市有幸得遇"老乡"，那么在与"老乡"的交流和沟通过程中，相信除却和谐与熟悉感之外，双方更容易达成一种情感上的共鸣与认同，而在此基础上所延伸发展出来的友谊与合作，想必能维系得更坚韧和长久一些。

而这种情感上的共鸣与认同，概括起来，便是我们常说的：一见如故。

我最近和一个为自己公司扩大发展寻求融资的朋友相谈甚欢，也经常陪同他前往各个投资机构寻求合作。一天，我意外听见了一个新词，叫作"沟通成本"。

当时我便开始思考：什么是沟通成本？如果沟通成本存在的话，那么我们该如何有效降低沟通的成本呢？

和朋友深入探讨后，我发现：如果在商务谈判中，未能有效注意谈判技巧，往往会造成"词不达意""对方无法领会我们要表达的意思"这样的困境，轻则浪费时间，重则伤害彼此感情，甚至导致沟通失败。我们为谈判顺利进行所花费的时间、情感、技巧等，便是我们所需负担的"沟通成本"。

既然沟通有成本，那么，用什么方法可以降低我们的沟通成本呢？尤其是对于新人、陌生人来说，采用什么样的方法进行沟通，不仅能降低成本，还能让情感升值呢？"一见如故"可以给我们一些启示。

打个简单的比方：

有一天，我走在路上，迎面走过来一位领导，于是我同他打招呼："王老师，您好！您今天系的领带非常有气质，上面的小熊图案青春时尚，跟您的西装颜色也很配。"

如果我遇到的是发小海涛，那么我一定会拍拍他的肩膀："海涛啊，你今儿系的这条小熊图案的领带真棒啊！"

一样的意思，但说出来却是两种感觉，为什么？

不是我虚伪，也不是我聪明。只是因为我跟海涛有长期的感情基础——我们是发小。

第二章
90%的人，都被短时间内形成的标签左右着思维

因为是老朋友，所以说话可以不用那么复杂，也不必担心彼此心有芥蒂。因此，在沟通上可以省心省力。

那么，在现实生活中，有没有一些沟通小技巧，可以让不那么熟悉的两个人有一见如故的感觉呢？或者是"强行"但又比较自然地一见如故呢？

下面，我来给大家支上几着。

第一着：预设介入法。

预设，指的是交流的双方要有共同的事实交集。简单来说，就是双方所谈论的话题，是他们都已经明确知悉的事实。

打个比方，我跟朋友小洁聊天的时候会说："小洁，你姐姐最近好吗？"

普普通通的一句话，就存在两个事实。第一，小洁有一个姐姐；第二，我认识小洁的姐姐。这两个事实就叫预设。

预设其实是很好用的语言手段。

营销学中有一个知名的案例，就很好地运用了预设：

街道两边各有一个酒吧，在销售酒水的时候都会搭配干果进行售卖。其中一家生意惨淡，另一家却生意火爆，而他们在服务质量、价格等方面不相上下，为什么会出现这种情况？原来，是服务员服务时的问话内容不同。生意惨淡的那家问的是："请问您需要干果吗？"

而生意火爆的那家问的则是:"请问,干果您需要一份还是两份?"

顾客在听到第一家的问话时,心里想的是:我可以选择要干果或不要干果。在此预设下,他极有可能回答说,不用了。但听到另一家问话时,他心里想的是:酒水似乎原本就应该搭配干果,只不过是一份还是两份的问题。所以,他便要在一份或两份中做选择,在此种情况下,店家至少可以卖出一份干果。这便是预设的力量。

预设有时候会被用来"套话"。打个比方,如果老师想问问两个学生是不是在谈恋爱,正面询问的话,他们一般是不会直接回应的。但如果老师云山雾罩地说了半天之后突然发问:"你们俩去看电影的时候,意见如果不统一,会吵架吗?"

这时候,无论他们回答会还是不会,都意味着他们俩在谈恋爱。因为如果不在一起的话,怎么会一起去看电影呢?又怎么会因为这种事吵架呢?这就是预设的作用。

如果你想和陌生人"一见如故",预设有时候会很管用。

比如你坐火车出差,看见邻座中年人带着大包小包的行李,其中有给小孩子带的电动玩具枪。这时,你可以据此做出这样的预判:对方十有八九是带给孩子的,家里应该有男孩,能玩这种枪的孩子估计可能得五六岁了。

假设你先简单地打招呼说:"您好!"

第二章
90% 的人，都被短时间内形成的标签左右着思维

对方当然会礼貌性地回复："您好！"

这样开头之后，你们就可以开始聊天了，可沟通时间就太长了。

所以你最好在开始交谈时从上文提到的预判入手，这样打招呼："嚯，您这东西真没少带啊，这下小朋友得开心死了！"

要是你觉得这样说会导致对方不舒服，那就做一些微调，比方说在后面再补一句："我猜孩子该上学了吧？"或者增加一些自己的信息："我姐姐的孩子就特别喜欢这种玩具枪"。

当对方做出符合你预判的回应时，你们之间的距离感就减少了，可以像朋友一样说说话，打发旅途的疲惫。

再比如你去参加一个陌生行业的聚会。你本来不太想去，但朋友一定要拉着你去作陪。聚会开始之后，朋友就去和同行聊天了，留下你自己在现场发呆。这时，你看到不远处有一个人没有去参加交谈，看起来有些游离于聚会之外。

这时候，你就可以上前说："我也不是很喜欢这种场合。去找点吃的吗？"

在这句话中，一来你没有提出"你为什么不去交谈"之类的问题；二来说了个"也"字。这种共同点会让你们之间形成统一战线，在拉好感的同时让对方不再感到孤独。如果你觉得这种预设过于冒昧，那你也可以换个表述："有时候安静地吃点东西就觉得特别开心。""我也很喜欢看窗外的风景。"

瞧瞧，多么有智慧的搭讪方式呀！

第二着：信息介入法。

一见如故，带来的是老朋友的感觉，因为我们对老朋友不设防，所以交流起来不必揣测对方的心思；因为我们跟老朋友有默契，所以交流起来特别亲切。如果对方也把你当成老朋友，心理上便会有天然的好感，愿意和你深入地交流，也更容易达成共识。

电影《穿普拉达的女王》里有这么一个耐人寻味的情节：在颇有社会地位的女总编米兰达参加聚会时，助理是不能离开的，因为时刻要在她耳边提醒，眼前来人是某某某，有什么特点，最近发生了什么事。这样，米兰达就可以根据助理提供的信息及时转换交流频道，跟各色人等熟络交谈。

这样，每个来参加聚会的人都会感觉自己未被忽视，整个聚会就会显得其乐融融。

但对于可能没有助理的我们，如何开启一段有趣而亲如"故人"的谈话呢？

在这里，我给大家分享一个有趣的小故事：美国第三十二任总统富兰克林·罗斯福有一次参加上流社会的聚会，几乎在场的所有人都知道他是谁，但都对他非常冷漠。聪明的他马上意识到：大家虽然都认识他，但他却不认识他们。因为彼此不熟悉，所以没人愿意和他交流。

第二章

90%的人，都被短时间内形成的标签左右着思维

这时，他看到一个朋友也来参加聚会了，就走过去，悄悄地对他说："可以麻烦你将聚会上其他人的情况和我简单说一下吗？"

这位热心的朋友大致和他讲了讲。他了解了之后，立刻向旁边一个陌生人开口："嘿，查尔斯，最近生意怎么样？据我所知，茶叶行情不错。"

对面的查尔斯感到十分惊讶和诧异，但马上热情地回应说："是啊，的确不错，小赚了一笔。"

就这样，富兰克林通过三言两语就顺理成章地加入了对方的小圈子，又看似不经意地抛出了几个小问题，和其他人也有了谈资。不久后，富兰克林就交到了新朋友。

对于我们来说，即便没有助理，也没有朋友，但先前的了解有助于让我们迅速融入新圈子，并找到自己的定位。

在这里，我给大家提一个小小的建议：信息的使用最好能够循序渐进，由浅入深。

你可以先从今天的服装聊起，表明你也喜欢对方的穿衣风格，再聊到去年的年会他穿的还是整套的，今年就时尚多了，然后再说今年他们的市场节奏也踩得很准等。如果你一上来就大谈今年的市场形势，可能会引起别人的戒备。

别忘了，所谓的"一见如故"其实是为了营造一种轻松的氛围，还不是真的老朋友呢！别太放飞自我，以免吓着对方。如果一开口

就宛若间谍一般，让别人知道你对他了如指掌，这也够吓人的！那就不是一见如故，而是"一见如事故"了！

此外，你在与他人的交流过程中，可以根据具体的环境增添信息。举个简单的例子：如果对方是一名医生，你就应该把简单的"你好"扩展成"李医生，早上好"。这样既表示你了解对方的工作，还展现出了足够的尊重。

同时，加一个你们共同的朋友信息也是一个不错的聊天方式。比如你知道对方和你的发小是朋友，就可以说："你好，我是某某的发小某某，总听他提起你，今天总算见到你了。"

这样一来，原本陌生的两个人，在经过一番热络的聊天后，相信感情立刻会增进许多，那么，成为知心好友，就指日可待了！

第三着：习惯介入法。

当你通过打招呼和对方拉近距离后，就要有意识地观察对方的言谈举止。

相似的人之所以相似，是因为他们拥有类似的习惯、类似的语言和表达方式。我们可能都有这样的印象：来自同一个家庭的人，说话方式听起来都差不多；同一个公司的同事通常也会有相对一致的表达风格。于是，我们会下意识地把和自己说话方式类似的人划到自己的圈子里，然后和其他人做出区别。

因此，在增进交流的过程中，要快速找到对方的习惯，然后模

第二章
90%的人，都被短时间内形成的标签左右着思维

仿他。

最简单的一种方式是"重复"。字面意思是，对方说了什么，你也说什么。这当然不是说让你当一个复读机，而是要和对方在表达观点上达成一致，像回声一样。比如对方说："这个蛋糕吃起来像棉花糖一样。"你就可以跟着说："是啊，像棉花糖一样，软软的。"

接下来，你要学会和对方的语境同步。例如我们在提到工作的场所时，为了方便起见，统一称之为"职场"。但是，同样是职场，不同行业的人却有不同的叫法。会计师们工作的地方叫作"事务所"，所以你会听到会计师们说"回所里一趟"。如果你能迅速get（学习）到这一点，尽量和对方处于同一个语境中，就会被引为老友。

与之相类似，同样一项工作也有不同的叫法。对于出租车司机师傅来说，叫"一单活儿"；对外企里的白领来说，叫"一个案子"。

想象一下，如果你在风雨交加的下班时间，用打车软件叫到了车，上车就跟出租车司机说："谢谢您接了我这个案子。"

师傅可能会吓一跳，哆哆嗦嗦地回答你说："警察同志，我家三代司机。我爷爷是拉洋车的，我爸爸是骑三轮车的，我是开出租车的，都是好人啊。"

由此可见，习惯和语境很重要。

第四着：时间介入法。

所谓时间介入法就是用时间的概念来拉近距离，造成时间错位

的感觉。比如童年的回忆以及未来规划等。

所谓时间错位，就是对过去的回忆，或者在对未来的展望中找到一致性，从而让对方觉得你们在当下是一致的。你可以把对方带回到过去的时空中，通过回忆一些共有的经历来拉近彼此的距离。

比如对方带了一个复古的布袋子，你就可以和他说："看见你这个布袋子，我就想起以前上学时拎盒饭的那个包，那时候真容易满足啊。我妈一天就给我五毛钱零花钱，我就攒着，攒一个礼拜，然后去买一个冰激凌吃。有冰激凌，就感觉很幸福了。"

这时，对方可能会说："是啊，我小时候也差不多。"

当然也要根据具体的情况来追忆，如果你知道对方从小家里条件就不错，那么这种忆苦思甜就得不到什么回应。对了，还有要注意开头的分寸感，这要针对交流对象具体问题具体分析。如果对方是个特别注重时尚感的人，你要是用人家的包来回忆过去，相当于找打。所以你在开场时还可以加上一句"现在这种包又开始流行了，你这个图案真特别，也好看。不过还是让我想起了……"

同理，你还可以展望未来，在未来里找到你们的一致性。

你可以先谈一下自己的人生规划，然后问对方："如果我们那时候就能合作，估计现在都能成为行业龙头了，到时候……"

注意，在你说完了自己的人生规划后，最好不要问对方"你是怎么想的"，而是要把你们的共同点变成一个先决条件，让对方顺着你的意思去想。这时候,如果对方开始认真思考,那么你们之间就会建立起一种巨大的默契。

追忆过去和展望未来的方法可以穿插着使用,这可以让你和交流方找到更多的一致性,在情感上产生共鸣,从而在短时间内就变得像亲密无间的老朋友一样。

由上可知:让对方对你产生"一见如故"感的四个锦囊妙计分别是预设、信息、习惯和时间介入。预设是语用学中的技巧;信息和习惯是心理学中的元素;时间是社会学中的内容。

熟练掌握这些技巧,可以帮助你打开局面,让自己和别人攀谈时增加对方的好感度和信任度,从而为下一次的交流打下基础。

人们常说:好的开始是成功的一半。希望读者朋友们能熟练地使用上述的技巧,在接下来的社交活动中绽放迷人光彩!

◇ 共情沟通：征服人心的艺术

自我介绍就是自我营销

在日常生活和工作中，如果要用到自我介绍，说明我们进入了一个陌生而且相对庄重的环境中。别担心，这个时候，一个好的自我介绍能让你光彩熠熠，帮你创造一个良好的交流氛围。

下面我给大家举两个极端的例子：

"俺叫魏淑芬，今年29岁，至今未婚。俺娘说了，找对象就要找个实在人……"

"我叫李大壮，今年28岁了，性格开朗，喜欢读书和旅游。大家好，嘿嘿。"

前者是小品中的桥段，只为博君一笑罢了，实际上不会这么夸张的；后者的自我介绍很正常。在日常生活中，的确有很多人就是这样进行自我介绍的。不过，他这么一说，你记得住这是李大壮还是王大壮吗？太普通了，毫无亮点和令人记忆深刻的地方。当然，在自我介绍的时候，如果你愿意，你可以从小学说起，一直说到你昨天晚饭吃了什么。但是这并不会让人记住你——也不一定，别人

第二章
90% 的人，都被短时间内形成的标签左右着思维

也许会记住你的啰唆。

所以，今天咱们换一种方式，通过自我介绍让人记住你身上的特点和只属于你的独特魅力。我们选择了这样几个日常生活中会出现的场景来给大家一一分析：

一、面试时的自我介绍

春天是一个面试的季节，因为大学生们即将毕业。他们迫不及待地涌入社会，以寻求一份称心如意的工作。在求职时，先要投简历，然后面试，需要四处奔波，辛苦至极。

但是，我们要知道，你辛苦，面试官也很辛苦。你想想，HR（人力资源顾问）一天要面对数十个乃至上百个求职者。因此，我们该怎样成为众多求职者中最闪耀的那颗新星呢？很简单，在内容上，我们需要准备三方面：基本情况、专业经历、应聘原因；在风格上，我们需要三个关键词：简洁、专业、具体。

我们先来看内容。

首先，介绍你的基本情况。通常，你的基本情况在简历里已经说得足够清楚，那么在这一步，你要尽可能用一句话来概括下你的基本信息，或者说一下简历上并没有，但是足以说明你的社会状态和价值观的一句话。这句话要能够充分代表你，言简意赅地表明你是一个怎样的人。

你可以说："我叫小岳岳，刚刚研究生毕业，我最大的特点就是

做事耐心，有毅力。"如果你担心自己的特点不够突出，那么这句话可以扩充为："我叫小岳岳，刚刚研究生毕业，除了简历上的介绍之外，我还要说明一下，我最大的特点就是做事耐心，有毅力。"

"除了……之外，我还要说……"这个句式表明，你既有全面，又有侧重，懂得交流，会抓重点。在很多场合，你都可以使用这样的句式。

其次，介绍你的专业经历。你要做的是从你的专业经历中选出最精彩的、对你的人生影响最大的一两件事来介绍。选择的标准只有一个：跟你面试的工作需要有关。

在讲述的过程中，你要注意逻辑清晰，表述流畅，最重要的是语言简练，能三句话说完的，绝不用五句。因为这会给面试官这样一个印象：你很了解自己，表达能力很强，并且非常干练。

比如你可以这样进行介绍自己："我在之前的公司联合四个部门，坚持了整整一年的时间，促成了行业内第一个上下游对接平台。还曾经尝试将平台扩大化。"

再比如："我在上学期间，曾经为学生会设计活动方案，因为活动场地和参加人数屡次变化，所以需要多次修改方案，每天白天上课，晚上熬夜设计，最终顶住了压力，保证了活动圆满举行。大家都说我完成了不可能完成的任务。"

不要怕学校的事情小，只有当你把自己的能力以一种非常真诚的方式表达出来之后,面试官才会有一个直观的了解,并且觉得像你这样的人才简直是不可多得。

最后,你要说明自己为什么要来这里面试。在这个环节,你要让面试官感受到,你和你所应聘的机构具有相同的价值观和理念,你和这里非常契合。比如你去一家广告公司面试,可以说自己喜欢创意工作,并且喜欢通过自己的努力为客户实现最大的价值。当然,根据岗位需求,你的说明还可以再具体一点儿。

二、新入职时的自我介绍

如果你已按照我在上文说的方法进行面试了,那么恭喜你,接下来,你就该准备正式入职之后的自我介绍了。

当你初入职场,见到前辈和同事们时,当然希望他们能迅速了解并喜欢上你。但是,哪怕我们已是高级灵长类动物,也是有领地概念的。因此,当你到了一个陌生的地方,就要理解那里的人所表现出的"敌意",并且要在第一时间释放自己的善意。通过自我介绍,你可以让大家觉得:"啊,原来是自己人。"要达到这一效果,你的自我介绍应该是这样的:

1.展示特点,增强印象

当你进行自我介绍时,往往是众人关注的焦点。这时,如果你想让大家很快记住你,就可以采用单刀直入的方法,第一时间表明自己是个怎样的人。比如你可以说:"大家好,我是小岳岳,我的格子衬衫证明我是个挺宅的人,但是也请大家放心,我干活绝不含糊。谢谢大家。"

陌生人刚见面,心中通常会对对方迅速做出一个判断。如果你直白的表达和对方的判断正好吻合,那么对方就会认为他已经看透你了,以为你很简单,自然会很快地接纳你。

同样,幽默也是一种好的方式,会让人觉得你热情、简单。因此,自信的朋友们,你们可以拿自己的特点开个玩笑。如果你有一个特殊的名字——雷斯,你就可以这样说:"大家好,我叫雷斯。你们想笑就笑吧,我也知道我的样子配不上我的名字。虽然名字是我爸的错,但是我已经很感恩了,还好,我姓雷,不姓杜!"

如果你对自己的描述和你的外在形象有巨大的反差——本来你是个长发垂肩、声音甜美的姑娘,但张口就是:"大家好啊,我叫李建刚。他们说我像女汉子,其实我很温柔的,呵呵呵。"这样巨大的反差会引起人们的好奇,于是他们会打起十二分精神听你接下来的自我介绍。

2.简单说明,获得支持

如果你感觉没办法通过简短的陈述来总结自己,又不想让大家尴尬太久,就可以先把自己放在低一些的位置。比如你可以这样说:"大家好,很抱歉占用大家的时间了。因为今天要入职,我昨晚一直想着该怎样介绍自己来着,很怕丢人,导致没有睡好,不过今天看

第二章
90%的人,都被短时间内形成的标签左右着思维

到大家都很包容,我总算放心了。我是个特别容易紧张的人,谢谢大家给我机会说这么多。希望可以和大家快点熟悉起来,这样,我就不会这么紧张了。"

当你这样真诚地说出自己的缺点,并求得大家的原谅时,对方通常会很愿意理解你,给你多一点儿时间。因为你的人畜无害,大家首先对你有了一个好印象。接下来你可以再简短介绍一下自己,增加大家对你的好感。

但在这里,我要强调一个看似简单,但十分重要的问题。我们经常看到日剧里面新入职的人说:"初次见面,请多关照。"于是很多人都会照猫画虎,在刚入职时说一句"请多关照"。但问题是,我们的职场文化和日本的并不一样,不是完全把前辈当作长辈一样,自己只做任劳任怨的跟屁虫。你初入职场,尚未给团队做出一点儿贡献,也没有表现出自己的能力,为什么要求关照呢?从这个角度来看,这样的话不是谦虚,恰恰是没有自信的表现。

当然,这里不是说谦虚不好。谦虚的确会让人感到你很有涵养,不居功。但谦虚的前提是你本身有功可居。比如马云说自己是小人物,最不喜欢花钱,大家会认为他是谦虚。但如果你也这么说,大家会想:当然,你本来就没钱,不喜欢花钱是正常的。这就是资本大鳄和普通员工的区别。他们的谦虚是谦虚,你的谦虚会被认为是事实。

所以，当你给客户打电话自我介绍时说："不好意思，我是新来的，可能有很多问题不太熟悉，请您包涵。"

这样，就让人感觉很不舒适了。如果你碰上一个脾气不好的客户，他可能会直接骂人："你既然什么都不懂，给我打什么电话？是让我教你做人吗？"甚至他会迁怒于你的公司："怎么派了个新人联系我？因为我不是重要客户吗？"这样一来，你以后的工作就很难开展了。

所以，你完全可以换个方式这样说："您好，受公司安排，以后由我为您服务。因为刚刚接手您的业务，如果在服务中有未尽之处，请您多多指教。"

这就引出了一个替代"多多关照"的短语——"多多指教"。指教通常指老师对学生，或者上级对下级的指导和教导。用在这里，既放低了自己的身份，抬高了对方，又表明了自己渴望进步的态度。这样一来，你的新同事或者新客户会更愿接受你。

综合以上几点，我们可以尝试着模拟一次入职时的自我介绍："大家好，我叫小岳岳。非常高兴能来到咱们部门，和大家一起工作。我的格子衬衫证明我其实是一个挺宅的人，但是我干活绝不含糊。今后我会充分发挥自己的能力，认真努力地工作。也希望我们不仅是工作中的同事、职场上的战友，还能成为生活中的伙伴和朋友。谢谢大家，请大家多多指教。"

这样的自我介绍能做到个性与共性融合，诙谐与专业并存。

三、日常社交时的自我介绍

1.欲擒故纵

请读者朋友们回想一下，人们在自我介绍时，是不是都会刻意强调自己的优点？但是如果你和其他人一样，熟练使用了"正直""勤奋""踏实""任劳任怨""靠谱"之类的形容词，那么就只能得到和大家一样的普通印象，因为这实在是太常见了。这时，如果你想出奇制胜，就要另辟蹊径，想办法制造反差。

比如你可以这样说："我平时记性不好，又不是太勤快，总是偷懒，所以别人告诉我的事情我总是记不住。"

听到这个介绍，对方恐怕会一头雾水："这小子什么毛病？别人都生怕显不出自己的好，这家伙怎么先说缺点？他最大的缺点看来应该是智商不在线啊。"

好了，现在你已经成功引起了对方的思考。接下来，你需要再讲一个故事："因为实在是爱偷懒，所以为了不耽误事，我就学着编写程序，让工作效率最大化。所以，现在我把精力都放在了写程序上，而记忆和处理信息这种小事，还是让程序去做吧。"听到这里，对方会恍然大悟：原来这小子是技术大牛啊！

2.要和别人互动

在我们通常的印象中，自我介绍里有"自我"二字，所以它真的就是"自我"的。通常情况下，你只需要自顾自地说，下面的人礼貌地报以微笑，这样就很好。如果是在职场中，这样做或许没问题，因为大家都忙着工作，以后有的是交流的时间。

但是在日常生活中，我们就可以换个角度想一想：当你在说自己的一些爱好时，别人是否也有这种爱好？你是否想和对方产生共鸣？如果你想让自我介绍出彩一些，就可以选择和别人互动。

比如你在自我介绍时说起自己非常喜欢旅行，喜欢接触不同的文化和不同的人，因为这样可以让生命变得更加多彩。那么你就可以问对方，或者问一群人里的某一个人："你喜欢旅行吗？有没有特别喜欢的地方？"

如果对方回答说"有"，那么恭喜你，你找到了一个志同道合的伙伴。对方会对你印象深刻，你们接下来可以进一步深入交流。如果对方说"没有"，你也不用气馁，可以卖个萌说："我也很喜欢安静的生活，可是总觉得自己静不下来，你可不可以教教我啊？"只要你注意态度，不要显得自己多高傲或者特立独行，总会得到对方的认可。

文章的最后，我想跟大家分享一个曾打动过我的自我介绍。那是我去年参加一个电台举办的DJ大赛时听到的。一个大男孩走上台，举起一张火车票，说："各位老师好，这张火车票是从我老家到上海的车票，也是最开始我和梦想的距离，一千二百公里。"然后他又举

第二章
90% 的人，都被短时间内形成的标签左右着思维

起一张出租车发票："这是今天一早我和梦想的距离，二十一公里。现在，从舞台到评委席的距离，就是我和梦想的距离，两米！希望各位老师记住我，我叫×××。"

你说，你能记不住这样深刻而有感情的自我介绍吗？

其实，自我介绍的目的就是为了让别人快速地记住你——"在你最美丽的时刻"，从这方面讲，自我介绍就是一场自我推销。所以，用一些心，至少为我们刚才提到的场景精心准备一些介绍词，相信我，你之后的路会走得更加漂亮！

每一次亮相，都不打无准备之仗

前几天看到了一个挺有意思的小对话，对话内容是这样的：

老板："小刘啊，你们设计部人都到齐了吗？我们的讨论马上就要开始了。"

小刘："就差我们部门总监了，他马上就到。还有老板，我是小夏。"

老板一抬头："哦，好的，那我们再等一下。对了，小刘，先把这个材料发下去。"

"是的，老板！老板，我叫小夏。"

"好的，我说刘夏啊……"

哈！这段对话是不是挺好玩儿的？当然，也有不合理之处。有的朋友可能会问了：这种脑子的人也能当上老板？

但是让我们换个角度想想：初入职场，擅长埋头工作，不擅长说话的人，虽然你总是能及时完成老板布置的任务，但老板并没有因此注意到你，所以喊错你的名字不是很正常的事吗？那些会和人打交道

第二章
90% 的人，都被短时间内形成的标签左右着思维

的同事，已经在职场中步步高升了。那么，你是否也想更进一步呢？

交往中的第一次亮相很重要，这直接决定着你给别人留下的第一印象——职场中的第一次亮相更是如此。进行集体讨论时，周围人的注视会给你带来很大的压力，所以，你自信的状态、清晰的表达能力和迅速的反应能力就显得尤为重要，这当然不容易。如果你既能把工作做好，同时又很会说话，那你就没有理由不成功。今天我们就来聊一聊，如何在你的第一次工作讨论中潇洒亮相。

一、参加讨论前要做的准备

1.准备好资料和提纲

首先，你需要明确的是，如果你要在讨论中发言，你想要说些什么。在明确了上一点后，你所要做的，是把你要讲的内容罗列成大纲，收集好需要的资料，然后不断地熟悉它们。在这个阶段，你要做的是给发言打基础，做到所有事项都了然于胸。

只不过我们这里所说的提纲，要分成三个步骤：第一步，列初步大纲。这个大纲的目的是为了罗列要说什么，相当于草稿，同时确定好优先级；第二步，为每一条目增加所需的具体材料，包括数据和示例等；第三步，从已经成形的丰满的发言稿中，抽出最重要的几项，标上关键词，以保证最后形成的这个提纲是科学的、有逻辑的、言简意赅。经过这三步锤炼后的提纲才称得上是可以挈领的提纲，是你即使忘词，也不会影响核心内容的提纲。

此外，要想让自己的发言显得更严肃庄重，同时让表达显得更有条理，可以设计一个正式的开场白。这个开场白要包含这样几个要素：（1）要让大家知道你负责的具体科目；（2）你接下来要说的主题是什么；（3）你要把之前标注的几个要点告知大家。

同样的，你还应该给你的发言准备一段结束语。但无论是开场语还是结语，都不要太长。这时候，你的关键词就派上了用场，它可以在开头引起大家的注意，在结尾方便大家记忆。

2. 罗列你可能被问到的问题

你要尽可能地预想你的同事和上司，会根据你的发言所提出的问题。比如你负责的是基础的数据分析，有人可能会问你：信息源是什么？是否可靠？数据是否全面？作为新人，不对你提出过高的建设性要求是正常的，但是对你负责的内容要求做到滴水不漏应该是合理的。即使这些问题在讨论过程中可能没有被提问到，但你也需要在之后提交的文案中备注，以便其他同事和领导使用。所以，不要等人来问你，把工作做在前面永远是好的安排，尤其这还是你的第一次。

3. 预演流程

最后，在做完了上述工作后，关于这次讨论还需要你实际操练一遍。如果你是新人，就有必要向同事请教一下，工作讨论的流程通常是怎样的。是上司讲完话后再进行讨论，还是论资排辈地轮番发言，或是十分民主地畅所欲言。当然，你所在的公司还有可能对新人"特别关照",这时,你就要做好最先发言的准备。当你了解了流程之后,就能大致判断自己会在什么时候发言。然后你再把自己的发言练习几遍,就可以了。

读者朋友们,不要觉得事前的"彩排"不重要,要知道"快手""抖音"上很多看似随意的小视频直播,都是事前彩排了很多遍的。

二、讨论中需要注意的事项

1.倾听和借鉴

工作讨论其实是你了解别人的最好机会。通过他们的谈吐举止和发言习惯,你可以熟识大家的工作领域、思维模式甚至是关系远近。

因此,在还没有轮到你发言的时候,一定要有意识地留意你之前的人都说了些什么。即便你们负责的内容不同,也可以借鉴对方的讲话方式。同时还要在倾听的过程中完成这样几个任务:

(1)随时修改自己的发言内容。别人之前说过了,抢了你的台词,你就不要再重新说一遍了,除非你们说的虽然是一个问题,但是方向或落脚点不同,那么你可以再进行补充。

补充的时候,你可以采用这样的句式:"关于我要说的,其实李总刚才已经高屋建瓴地说得很清楚了,我不再画蛇添足。我就是补充一句,李总说的这个市场空白还有一个方面,这在我的统计数字中也有表现,那就是……"

（2）记住大家发言的关键词，适时提出你的疑问或者就你需要配合的事项进行进一步确认。要知道，领导更加喜欢认真、聪慧的员工。

（3）如果你入职的时间不长，很多关键的行业术语，或者部门约定俗成的用语你不太熟悉。所以，在这个时候，你要认真记下来，然后替换掉你的原有词汇，这样也能较快地融入集体，表明你学习能力很强。

2.控制发言的时间

很多朋友可能会先入为主地认为，要想给人留下深刻的印象，就要尽量多说，认为发言时间太短会让别人记不住。实际上并非如此。如果每个人都想拼命多说一点儿，让他人关注自己，那么工作讨论就变成演讲比赛了。一家成熟的公司不会允许员工把时间浪费在逞口舌之快上，讨论的意义在于提出解决办法，而不是比谁说得更长更好。尤其是作为职场新人，应该把发言的专注点集中在自己负责的项目上，力求表达准确，言简意赅。

事实上，除了头脑风暴之外，大多数工作讨论都有一个明确的主题。很多公司都有一个不成文的规矩，那就是讨论时发言不能太长，两分钟差不多就已经是极限了。当然，如果你是讨论的组织者或者高层管理人员，则不在这个限制范围内。

所以，作为职场新人，更要密切留意自己的发言时间。如果不能简明扼要地总结工作成果和重点，上司会质疑你的能力。因此，只要把话说得足够清楚，哪怕发言只有短短十秒钟，也会给人留下足够深刻的印象。如果你的发言足够有吸引力，那么你的上司或者同事会继续追问你。这时你再根据他们提出的问题展开来讲，效果会更好。

如果你暂时做不到简明扼要地总结，就可以在平时训练自己。无论要说什么事，都先想一想，用怎样一句话来表达更合适。你要做的是提炼事件的核心，学会做减法，而不是担心说得不够清楚，继而重复无数遍。

3.学会总结

除了独立发言之外，你还应该善于对他人的观点做出总结，然后小心求证。比如在前辈发言结束之后，你可以这样说："您刚才说的意思我总结了一下，您看我的理解对吗？"

要知道，这不但是一个学习的机会，也是让大家注意你的机会。

举个例子，你所在的工作群正在讨论一个设计方案，其他人都比你资深，对方案提出了各种意见，这时你就可以说："刚才大家说的观点我总结了一下，文案语言风格要清新；视觉设计要更直观，色调以暖色为主；推广渠道要拓展。请问我说的对吗？那么这个修改方案跟客户的要求还有一点儿不同，就是……"

读者朋友们请记住，"我这样理解是否准确？"这样的句子不能少，因为这样会显得自己是在虚心求教，给足了前辈面子，这样他们就会对你放下戒备。同时，提问要尽量具体一些，这样才能让人认为你是认真听过和思考过的。

在本章节的最后，我再和读者朋友们强调几个在工作讨论中，我们需要避免的问题：

1. 避免照本宣科

如果你对着笔记本或者PPT照本宣科一番，除了表明自己会下笨功夫，不会给人留下任何积极的印象。所以，你要做的是将要说的话都记在脑子里，让自己的语言跟PPT或其他媒介形成配合，并根据现场的议题随时做出反应。

2. 避免紧张争论

当你还是职场新人时，即便觉得自己再有道理，也不要和人争论。要记住，在争论中取胜并不能让你更进一步，反而会早早地树立敌人。所以，你要包容所有的不同意见，倾听大家的想法。

3. 避免华而不实

我们在第一次工作讨论和亮相的目的是为了工作服务，而不是个人表演。你也许不能保证自己说得有多好，但至少要说得够真实。你要把数据和事实作为你发言的根基，没有事实，再华丽的语言都会显得十分苍白。所以，你除了表达自己的观点，还要提出积极的想法和建议。不要怕自己的建议不被采纳，只要你的态度足够积极，你的领导自然会注意到你。

GONG

QING

GOUTONG

ZHENG

FU

REN XIN

DE

YI SHU

第 三 章

我不是站在你对面，而是站在你旁边

感同身受,不只是说说而已

最近,网上有一句歌词被炒火了。它是这样唱的:确认过眼神,我遇上对的人。不知道大家是否有过这样的感觉:双方眼神一接触,即便那短暂的一刻谁也没开口说话,彼此也能清楚地感知到彼此的情绪。而这一瞬间的沉默,非但没有成为交流的阻隔,反而作为交流的一部分出现了。那一刹那,情绪仿佛是在空气中流动的纽带,把交谈的双方紧密地连接在一起。这样的交流充满感情,交流双方都会觉得自己与对方心有灵犀。

其实,在交流中,"确认过眼神"的过程还是非常少见的,更多的是"确认过语言"后,才能真的知道彼此的感受。要想做到这一点,就需要准确把握对方的情绪,适时做出回应,同时用恰当的方式和语言,把自己的感受精准地表达出来。

感同身受,是一种共情的能力。从交流的几个维度来说,这是迎合度的最高要求。

事实上,感同身受并不是一件容易的事。很多人都认为,无论

第三章
我不是站在你对面，而是站在你旁边

是真实地表达自己，还是深切地理解对方，都是一件不可能且没必要完成的任务。由此形成了两个著名的观点：关你什么事，关我什么事。

但是，如果我们想和人好好交流，进而达成一种亲密的关系，就要想对方之所想，急对方之所急，和对方感同身受。

我们先来看一看"输入"，也就是如何让自己对对方"感同身受"。

第一，不要急于说"我理解你"。

在这里，我先给大家描述一个常见的经典场景：你的一个朋友家里连着发生了几次重大变故，先是亲人不幸离世，接着陷入了经济危机。本来生龙活虎的小伙子，一下子萎靡不振，变成了霜打的茄子。为了让他放松心情，你约他出来坐坐，听他聊聊。见面之后，看到他那憔悴的模样，你会怎么做呢？或许很多人想的都是，拍拍对方肩膀，深沉地说一句："哥们儿，我都理解。"你会认为，这样是感同身受，是对对方的安慰。

但接下来就是见证真相的时刻了。

请大家注意，"我都理解""你说的我都知道"这种话，是不能随便说的。听起来似乎非常走心，很能安慰人，可实际上却起不到任何积极的作用。当然，如果你确实有过同样的或者类似的经历，那就当我没说。但是，如果你从来没经历过对方遭遇的变故，那么

就没法完全体验对方的感受，也就无法做到绝对的感同身受。因此，当你大言不惭地表示"都知道，都理解"的时候，对方不但不会感到安慰，还会质疑你的真心。这是一种自以为是的做法，满足的只是自己一厢情愿的"我真会说话"的幻觉，而起不了一丁点儿的实际作用。

那么，我们应该怎么做呢？当对方说起他的经历时，我们不要急着说"我理解"。对方这个时候需要的并非是理解，而是陪伴和包容。如果你能让对方感受到陪伴与包容，就是一种成功的安慰。比如对方跟你说："你知道面对这些有多难吗？"你应该回答："是啊，真的很难，你真的很不容易。"你要让对方明白，你和他是平等的。这样，他会舒服很多。

第二，以对方的信念去思考。

我曾在许多地方分享过帮助聊天的好办法，比方说换位思考、设身处地为对方着想等。

同样，我们在理解对方的感受时，也要采用这样的办法，要以对方的信念去思考问题，要时刻问问自己："如果我是他，在面对这样的境况时，我会是怎样的感受呢？"

假设你有两个朋友，其中一个工作非常努力，另一个则认为工作只不过是糊口的工具，自己开心才是最重要的。工作几年之后，两个人都没有升职。前者非常难过，觉得自己的工作都白费了，挫

第三章
我不是站在你对面，而是站在你旁边

败感特别强；后者就对此表示不理解，因为他觉得升不升职根本就无所谓。

两人如果想法不统一的话，是没法做到感同身受的。因为他们彼此都认为自己的想法是对的，然后用自己的标准去解释对方的行为，这当然会失败。如果，你能非常理解前者的失意，也理解后者的淡定，那么你就可以作为中间人，调和他们观念的重大分歧。

所以，让我们能够对他人的悲喜"感同身受"的正确方法是：倾听，要耐心地听对方把经历和感受讲出来，然后在此基础上加以分析。这时候，我们可以用一些问题来进行引导，让对方尽可能多地描述自己的感受。比如你可以问，"你现在感觉怎么样？为什么会这么想？"对方回答后，你可以再进一步提问："是因为这个原因让你难过/气愤/激动/兴奋吗？"

但在这里，我提请读者朋友们注意，这种提问不要夹带私货，不要主观臆断，要尽可能地保持客观。不断对对方进行深入提问，引导他把内心深处最真实的想法表达出来。

当你明白了对方的想法，就要在心里总结一下，然后回答我在开头提出的那个问题："我的感受是什么样的呢？"这样一来，对方就会感到，你是真的理解他，而不是在敷衍或臆测。

所以，在上面的那个例子里，我们在认真倾听了对方的心声之后才明白，他并不是对职位有执念，而是觉得自己的工作没被认可，进而怀疑自我，对自己一点儿信心都没有了。明白了这点之后，我们可以这样对努力工作的朋友说："你是觉得自己的努力白费了，是吗？我跟你说，认可会迟到，但是不会缺席。那天我们还夸你说，论努力我们这些朋友没人比得过你，只是你们这个行业的竞争实在是太激烈了。所以别难过，你是在一个最难的领域啊！能到这个领域就已经很不容易了。而且，努力过了，心里不留遗憾就好。你很棒的，不要怀疑自己。"

如果是对后者，你也可以说："你的这种观点也很好，淡然超脱，但是我们都是朋友，朋友在这个时候需要的不是理论，而是安慰，所以你应该看到他的难过，而不是死盯着他的观念。"

第三，有一点很重要：感同身受的目的不是为了感同身受。

我的这个标题，是不是有点儿像绕口令？哈，其实不然。

我来翻译一下：我们强调"感同身受"的目的是什么呢？做到和对方感同身受就够了吗？感受到对方所感受到的就结束了吗？假设对方非常痛苦，我们也同样痛苦；对方非常沮丧，我们也如丧考妣，那么我们和朋友抱团痛哭到一起的行为，只能让他更难过。这无异于抱薪救火，起不到任何积极的作用。

因此应该说，我们和对方感同身受的目的，是借此了解对方的心迹，从而让双方的交流更加顺畅，最好还能给对方提供力所能及的帮助。

第三章
我不是站在你对面，而是站在你旁边

我们也可以这么说：如果对方想让你理解自己，那么他希望你理解的不仅是他的感受，同时还要明白他很想解决问题的心情。所以这时候，你提供的不能仅仅是安慰，你还应该有解决问题的办法。比如有人和你聊天时心情激动，你通过对话，了解到他是因为受人欺骗而感到非常气愤，那么你感同身受的方式不仅仅是和他一起气愤，在你表达了一定的情绪共鸣之后，你要心平气和，让他冷静下来。因为气愤无法解决问题，只能让他的情绪更加失控。

我的朋友小洁是一个心肠热、嗓门儿大的女强人。别看她性格很豪放，可心思却很细腻，特别会安慰人。有一次，她的闺蜜失恋了，一直窝在家里不肯见人。无论大家以何种方式劝慰，都没起作用。可是她一直按兵不动，直到一星期以后才打电话过去。

她是这么说的："难受不？难受就对了。你还记不记得上次我家狗走丢了，我哭了两个礼拜，更何况你整丢了这么一个大活人。不过啊，天还没塌，谁离了谁还活不了啊？没有他，你不是还有我呢吗？他不就是给你买吃的，陪你看电影，接你下班吗？这些姐姐我全能干。而且我还会做饭，西红柿炒鸡蛋，可香了，让你一顿多吃两碗饭。"

电话那边先是哭，后来就笑了，然后当天就打扮得漂漂亮亮，出来和大家聚会了。其实啊，人失恋的时候，离开了舒适区，感觉到的除了失落，还有对未知生活的恐惧。而小洁的话不是停留在陪你难过和空泛的安慰上，而是带给人希望，让人鼓起勇气，摆脱这种恐惧。这才是我们强调感同身受的目的：在理解对方的同时，拉对方一把。

说完了"输入"，接下来我们再来看看"输出"，也就是，如何让对方对自己"感同身受"。

第一，把感受说出来，才能让对方知道。

如果你只想感受对方，做个树洞，却不想表达自己，其实也会影响交流。有时候，你可能会想，尽量不要让自己的情绪影响对方，尤其是负面情绪。初衷是好的，可是你这样做的代价就是，对方会觉得你不是一个真心和他交流的人，然后，他就不会再和你多说了。更可怕的是，你掩藏自己多了，其实就走向了自己的反面，比如习惯性的套话。

去年年底，我给几名受政府资助的大学生做演讲辅导，他们要参加市里的演讲比赛。一共有五个孩子，可我看了大家的稿子之后，觉得并没有什么差别，讲的都是山穷水尽之后迎来柳暗花明，心怀感恩之后再努力地奋斗！

但其中一个孩子说："我本来不想谈这些的，因为我不觉得我生活有多苦，也不觉得心里有多感恩，可我也不能这样说啊！"

我说："不，你可以这么说！如果你不觉得苦，这是你天生乐观和家庭引导的结果，是你不幸中的大幸。你不觉得感恩，是因为让每一个孩子都能安心读书是政府的责任,而不是情分。"

如果我们让孩子"为绿荫重复单调的歌曲",那就走向了资助的反面!

再比如这五个孩子无一例外的都在演讲中讲到自己是在最无助的时候得到了资助。可实际情况是,他们在收到录取通知书的时候,申请资助的文件就同期抵达了,所以他们完全可以过一个快乐的假期,然后昂首走进大学,可是为什么要说自己这个假期过得非常揪心,因为不知道学费能不能交上呢?

这不仅仅是这些"90后"甚至"95后"普遍应该具有的乐观精神,而且,这不也正说明我们的工作走在前面、政策到位吗?看,连过多的忧愁都可以免了。为什么该夸的不夸,不该夸的编个故事也要夸呢?

有时候,我们太习惯顺从地说假话,并且违心地隐藏自己了。

第二,学会吐露自己,而不是发泄情绪。

当然,自我表达并不意味着无所顾忌地随意发泄情绪。就像上一个例子中的孩子,如果他想表达内心的感受,只需要说"我并不感到难过和痛苦"就可以了。

朋友向你吐槽,说起了夫妻的闹心事、孩子的烦心事、单位的糟心事,那么这个时候,你完全可以用自己经历的同样的情况作为共情,他会觉得你也敞开了心扉,你也理解他的难处,你的经验也值得借鉴。

同时，我们还要注意用词尽量准确形象。你不能说我当时很难过，你要说的是："我本来想着，忍忍也就算了，但是他一说那句话，我眼泪一下就下来了，我不是受不了委屈，可是我不能容忍他否定我整个人，我当时气得直抖。"

说到底，我们所说的感同身受是一种真诚对人的态度，所以它需要我们具备一定的观察、理解甚至是阅历。有一天，我看到一个新闻，是说一个人患有罕见的"镜反射触觉联觉症"。这个人的症状是：可以完全感受到另一个人经历的感觉，看到别人拥抱，他就会体会到自己被抱住的感觉；看到别人手臂流血，他会觉得相同的位置隐隐作痛，于是他成了一名优秀的医生。

所以说，我们本章节所提到的"感同身受"，便是这个目的：成为"医生"，治疗我们朋友的"病痛"，同时也将我们的"病痛"更好地表现出来，好让我们的朋友能够给我们提供切实有效的帮助。

第三章
我不是站在你对面,而是站在你旁边

读懂对方,就是一场高能解码

我们中国有句老话:人心隔肚皮。

其实我觉得在很多时候,并不是说我们人类喜欢将一些事藏着掖着,或者是包藏祸心,而是在我们的日常交流沟通中,出了问题,或者是在一些情景下,我们不得不选择这样做。

大家可以回头想一想,我们是不是都有言不由衷、表里不一、话里有话、似是而非的时候?当然,没有人喜欢反复猜测、揣摩别人的话,也没有人喜欢多心、疑虑,对别人的话耿耿于怀,但是不得不承认,有很多时候,我们也的确必须要把心思掩埋在一堆废话、假话或是反话里。

因为社会生活相对来说复杂一些,我们也不想去得罪诸如领导、客户、女朋友之类的人。我记得我曾经分享过一些关于"如何听懂对方话里的弦外之音"的小技巧,不过今天咱们得在上述基础上更进一步,所以今天我的主题是:如何读懂对方的心思。

弦外之音有时候只是一些额外信息,但是心思可就深了!能读懂对方心思，就能看穿彼此的关系和处境，就能让我们在工作中更得心应手、游刃有余。

不过话说回来，读懂对方的心思，和看穿彼此的关系和处境是一个鸡生蛋、蛋生鸡的问题。到底是因为读懂了对方的心思，才看穿了彼此的关系和处境，还是正是因为明白彼此的关系和处境，所以才能读懂对方的心思。这个其实也没有非常明确的答案，我们权且认为二者密不可分吧，但要想读懂对方的心思，得有三个前提：对文字敏感、对表情敏感、对环境敏感。

第一，对文字敏感。

这是最基本的本领，因为文字清晰可见、切实可感，是交流的最基本的信息单位。

我给大家分享一个这样的事例：

我的朋友小洁前段时间跟我说起他们公司新来的一个姑娘，人美嘴甜，工作内容是做视频后期。为人处事都没什么大问题，就是有一个毛病：忙子太慢。她工作不能说不认真，但是效率实在令人难以恭维。

在一次聚会上，她这个同事不无得意，甚至是很认真地跟朋友们说："我们领导最近总是夸我。"

小洁问她："怎么夸你的啊？"

她说："每次我完工上交成品的时候，领导都夸我做事特别谨

第三章
我不是站在你对面,而是站在你旁边

慎,肯定不会出错。"

听了这话,小洁嘴里的酒差点都喷出来了。她本着关心朋友的原则,将真相告诉了她,其实领导的意思是:你干活儿真是慢啊。

结果她的同事还嘴硬:"肯定不出错还不是夸我吗?"

小洁告诉我说,她当时很无奈,我们回过头来想想,"不出错"是在夸人吗?"不出错"对一个后期人员来说,难道不是最基本的要求吗?就像你跟一个画手说:你真会画画,每一笔都画在纸上了!这难道是在夸人吗?显然不是。

但是,你要知道,如果你的工作性质最需要的不是谨慎,那谨慎这个词就变得不那么合适,就有其他的意思了。谨慎搞不好意味着你胆小怕事、效率低下。但是太直接的批评容易使双方都感到尴尬,说谨慎这样的中性词,可能就比较合适一些。但你不要傻呵呵地认为这就是夸奖。同时,当你读懂了对方的心思之后,就要有所表示。你可以马上对领导说:"之前我确实是过于慎重了,接下来我会提高效率,及时完成工作,一定不拖大家的后腿。"这样,既给了领导面子,显得自己善解人意,还留出了后续改进的余地。

所以说,我们在日常生活中要多加注意,多多感受一下对方说话时的用词。如果说出来的话跟实际需要并不符合,那么十有八九不是真心的,只是碍于面子,不好直接批评你罢了。

再比如部门上司经常夸奖你说:"小伙子干得不错,这个组里

面，你很活跃嘛！"然后你就以为领导很喜欢你，光凭借活跃就能当上小组负责人。

别做梦了，更真实的可能是：你等了几天，等到的却是另一个同事的升职公告。你没懂吗？其实领导的心思可能是："你的这个岗位负责上下协调，需要的是团结和协作，可是你却只在乎自己表现，并没有体现出应有的领导素质。"领导之前的所谓夸奖"活跃"，其实是在暗示你别太"独"了。

我举了以上这两个例子，读者朋友们是否体会到了我想要表达的意思？他人或许会对我们做出表面上的夸奖，那么这时候我们就要想想，对方的真实意思是什么，他在暗示什么。

同时，我们还要注意，对方说话时是否包含了可能带有情绪的字眼，比如"还""也"之类的用词。就像我在上面例子中说到的，如果领导说的不是"你真是谨慎"，而是"你还真是谨慎"。那么想必你就能更直接地明白，这不是夸奖，而是埋怨了，所以就别在那站着了，赶紧回去工作，提高自己的工作效率吧。

第二，对表情敏感。

在一般的双方交流当中，必然伴随着表情，看表情是个很重要的读懂对方心思的渠道。在这里，我还是以上面"小洁同事谨慎"这个例子来打比方。领导要是真的想夸你谨慎，一定是睁大眼睛，和你对视着，甚至略带微笑地说："你做事特别谨慎，不会出错。"

第三章
我不是站在你对面,而是站在你旁边

但如果对方一直低着头,只是偶尔略带调侃地抬头看了你一眼,然后就继续去忙了,那估计他刚才说的就是反话。

此外,如果一个人在说话的过程中,表情和动作突然发生不自然的转变,那么就极有可能代表着他说的话言不由衷。比如对方明明在说肯定的话,却下意识地摇头。当你遇到这种情况,就要格外留意,对方说的话不能当真。

第三,对环境敏感。

关于这一点,我的意思是说,要知道彼此谈话的主题背景和彼此关系的基本情况。

这听起来有点儿拗口,所以我来举个例子。

我表弟刚毕业的时候,在一家公司做策划。因为他年轻气盛,点子多又不肯服输,所以每次头脑风暴的时候,总会贡献很多创意。有一次,公司接到了一个大客户的订单,所有策划人员不分组别,全体征集创意,选中有奖。表弟拿出了十二万分的精力,绞尽脑汁地写出了一份令自己非常满意的策划案,满心期待地交给了上司。上司看过之后,对他说:"后生可畏啊,到底是年轻人,潜力无穷。"

他听了这话,高兴得合不拢嘴,以为自己的创意得到了认可。可等到一周之后,部门开会确定方案,他却发现自己的提议不但没有被选中,甚至根本就没有被纳入候选名单,因此十分沮丧。

所以在这里,我们来分析一下情况。

领导当时是怎么说的？——"潜力无穷。"

这虽然是一句表扬的话，但说的可不是你当下的情况啊！这非常的笼统，如果他想夸你的话，难道不应该是就事论事吗？直接说"到底是年轻人，这个方案做得很好"就可以了。

所以，在上述例子中，领导真正的意思是做得还不错，以后可能会有发展，但是现在还不够优秀。只不过这话说得比较含蓄，所以用了潜力这样的词汇。

不过，在这种情况下，我们也不用太担心，毕竟对方还愿意用力气隐藏自己的真正目的，以期不影响彼此的感情，这证明对方更深的心思还是不想因为一个简单的原因分道扬镳，这些言不由衷的字眼和表情都不过是最初的警钟。

关于"如何读懂对方"这个主题，除了上述三个方面需要大家注意之外，还有几个重要的套路，下面，我就帮大家拆解一下：

一、对方是在征询你的意见吗？不，其实他另有打算！

在工作中，你可能会碰到这样的情况：对方表面上是在征询你的意见，其实心里早有打算，只不过不好直说，要借你的嘴说出来罢了。

小威干过最傻的一件事就是有一次跟着老板参加行业聚会，一个处于行业下游的分销商借机向老板提出要求，想要加大线上推广的力度，理由是线下渠道已经饱和。关于这个问题，老板考虑了几

第三章
我不是站在你对面,而是站在你旁边

分钟,说道:"你的提议我觉得不错,可这个不是我一个人说了算,还要看销售部门的意思。"

说着,老板转身询问小威的意见。小威觉得老板已经答应了,就没多想,也肯定了加强线上推广的好处。最后,老板和几个分销商口头约定,下个季度追加很大一部分线上推广的费用。

聚会结束后,老板把小威好一顿骂,说他浪费了公司资源。后来,他委屈地将这件事情告诉了我,我帮他分析之后,他才明白了老板的真正心思。原来,老板不好当面拒绝渠道分销商,所以表面应承,实际上是想通过他来表示拒绝。可是他非但没听出来,反而把老板推坑里了。

小威后来总结出一个教训,当别人开口向你询问时,其实通常已经有了一个明确的想法。要站在对方的角度设身处地地想一想,弄清对方的态度。要知道,同样的一句话,因为语境的不同,语意也会有天壤之别。

跟这种情况差不多的一种套路是:当对方向你询问一些问题的看法时,这些问题很有可能就是你的问题。当别人主动来询问你对一个问题的看法,想知道你会怎么解决,这时候你可能会认为,一定是自己的能力出众,所以别人才会来找你征求意见。

可是事实背后的残酷真相可能是:这个问题恰恰就是你造成的,或者你也存在类似的问题,对方只是没有直说罢了。所以读者朋友

们，不要一听到别人让你解决问题就飘飘然，把有问题的人说得一无是处。你要做的是非常客观地回答问题，最后说一句："如果我也有这样的问题，请一定当面提出批评，谢谢指教。"

二、对方向你咨询只是为了了解信息吗？不，其实是让你去替他办事

在生活中，有的时候，对方表面上是在询问你关于某件事的意见，实际上是想让你承揽过来，主动去办这件事。

前段时间，我的朋友阿楠跟我吐槽他车险公司的业务员。阿楠平时的工作很忙，顾不上给车做年审，于是就打电话向这个业务员咨询，说自己最近事很多，问他年审都需要哪些材料，要去哪里办理，有没有快捷的渠道。

业务员小伙子真的很耿直，跟他说了大概二十分钟，仔细地回答了和年审有关的各种问题。挂了电话后，阿楠就拨通了另一家保险公司的电话。半个小时之后，人家上门取了材料，当天就办好了年审。然后下半年，阿楠就换了后面这家公司的车险。你想想看，客户的心思是跟你聊天吗？你有能力直接来解决问题，增加业务，为什么不主动一点儿呢？

三、对方给你的工作只是工作吗？不一定，也许是给你机会

有时候，上司会给你一些暗示。如果你能听懂这些暗示，就能把握住晋升的机会。比如你的上司有一天突然严肃地问你，对于某

第三章
我不是站在你对面，而是站在你旁边

个管理岗位有什么看法，你会怎么回答？可能你会觉得，自己只是个基层员工，不能随便指手画脚，于是你不痛不痒地说了几句。上司挥挥手，你转身离开，却没看见上司眼里浓浓的失望之情。

我的一个学长就把握住了这样的机会。他毕业之后刚刚入职没多久，有一次，上司问他："大学里要求英语成绩吧？英语水平怎么样？"

其实他刚过了四级，六级考了两次都没及格。但是他回答："虽然不能说专业，但是和老外交流是没问题的。"严格来说，他也没有撒谎，点头yes摇头no，来是come去是go，他真没问题的。

上司满意地点了点头，没再说什么。从这天起，我这位学长便每天利用一切业余时间恶补英语。一月后，上司去美国公干，果然带着他一同前往，这才是聪明人应该干的事情。

在上述技巧的基础上，如果我们能注意到下面一些小的细节，在看懂对方心思方面，也很有帮助。

1. 注意一些常用的语言习惯

要读懂对方的心思，就要留意一些话语中不经意间流露出的小细节。比如"老实说""不骗你""讲真"之类的词，出现的频率越高，就越可能是反话。这话也可以反过来讲，如果有人总是跟你说"我说的可能不对""你不用往心里去"，那么他说的反而是内心的真实想法。

2.注意欲言又止的情况

如果对方话到嘴边却欲言又止，我们就要想到，可能对方接下来要说的话非常重要，但是不好当面说出口，或者当时的场合不允许。这时，我们就要采取两种措施。首先要根据当时的前后语境，揣摩对方的意思。其次，要想办法绕过话题，给对方解围，过后再找机会向对方仔细询问。

3.注意过于简短的表达

良性的互动一定是包含了实质性的内容的，如果你说话的时候，对方一律只回答"嗯""是""你说得对"，那么就代表他没有认真听你讲话，给予的回应也是敷衍的，是不能作数的。所以我们要能分辨对方是否在真诚地和你交流，才能让对话具有现实的积极意义。

人的心思是这个世界上最复杂的东西，很难望穿，要抵达对方的内心深处，很难很难。我们不可能具备电影中的"读心术"那样高超的技能，但在交流过程中，通过对对方行为语言的归纳和注意，可以让我们更确切地了解到他想要掩饰的真正意思，从而做出积极良好的反应，使我们的人际关系更加和谐，生活工作变得更有乐趣。

第三章
我不是站在你对面,而是站在你旁边

别做情感交流的施暴者

相信大家一定听过这句话:"你穿上秋裤,可能不是因为冷,而是你妈觉得你冷。"

最初看到这句话时,我脑海中自动补充出了一场大戏。我妈妈提着秋裤跟在身后絮絮叨叨:"你自个儿瞅瞅,这都什么时候了还不穿秋裤?不行!你袜子都要给我穿个高腰的!冷不冷自己心里没点儿数?一天到晚撅屁股后面追着说,就好像我会坑你似的!你要不是我儿子,我还懒得说呢!别不识好歹!"

看着我妈因为着急而变形的脸,我心里说"就不穿",嘴上说的却是"好的!"

这世界上,还有一种失望,叫作"领导没事就对你失望"。

在这里,我先做一个情境还原。完整版是这样的:

你领导挥舞着双手,趾高气扬:"小李,你这期设计稿的第三版客户也不满意。我说小李啊,你知道为什么我把这个工作交给你来做吗?你们部门的老张和小杨都可以做这个工作,让你做是因为我想多给你锻炼的机会!这么重要的一个客户做好了,你以后才有机会接更大的活儿!可是,你太让我失望了!好了,你抓紧时间去修改吧。"

看着领导失望的眼神,你心里嘀咕:"谁不知道这个客户是难伺候的主儿!你们都跑了,还跟我说失望?"可你脸上仍然堆满笑,嘴上说的是"好的"。

是不是觉得心里憋屈还没地儿说理去?但今天,我们并不讨论遇到这种情况时我们要如何处理,而是换个角度来谈谈那个我们不愿碰触,或者总觉得不是问题的问题。那就是——当你处于交流中的主动一方时,如何避免对对方造成伤害。也即,如何避免成为经常将"我还不是为了你"挂在嘴上的妈妈,或者是经常说出"你太让我失望了"这种让人心里明白却又无奈的话的领导。

因为当我们选择以这样的方式进行交流时,会释放出一种压迫式的情绪,那是一种情感勒索。这对于人与人之间的交流来说,无疑是非常负面的。

从心理学角度来说,情感勒索是一种强有力的操纵方式。与我们亲近或相关的人会直接或间接地用情感威胁到我们,并且无时无刻地提醒我们:如果我们不顺从他们,他们就会惩罚我们。威胁和惩罚是情感勒索最明显的特征,与此同时,也必然伴随着一方的妥协与屈服。

第三章
我不是站在你对面,而是站在你旁边

也就是说,情感勒索会让人产生内疚、恐惧的情绪。如果我们把这种勒索加诸他人,则会造成双方感情上的不对等。当你这样做时,你的潜台词是:"如果不这样做,你就会伤害我、失去我。"在此情况下,对方可以解释,或者就范,但总之不会痛快。

有人可能会说:"既然情感勒索这样可恶,我们可以选择不要它啊。"

但现实的情况是:我们都可能在某一时间成为这种情感暴力的施暴者。

生活中,我们对他人都提出过要求,但是要求和情感勒索是无法准确地界清的。当你在无意识中利用了这种要求让他人对你妥协,实质上就是在勒索。

我们先来以一个假设的场景举例:

你是一个刚刚就业,年轻气盛的学生。你当然会认为"我要给所有人正能量"。有一天你下了班,在家精心准备了一顿可口的晚餐,等你合租的室友回来一起吃。可室友进门之后就回了自己房间,你去叫他一起吃饭,他回答说:"我好累,就不吃了。"

这时你可能十分懊恼,你会想,累吗?我也在上班啊,我怎么不说累?室友是不是觉得我做的饭不好吃?

实际上,这就是典型的"以己之心度人之心"。你不知道对方在一天的工作中遭受了什么,只是想当然地认为自己是为对方好,对方就应该回应自己。实际上,这恰恰是一种软性的暴力。你意识不到,从而毫无察觉。当同样的暴力反馈在你身上,你才能知道自己曾是个施暴者。

那接下来,我们先看看情感勒索的几种明显表现形式。

一、还不都是为你好

我们都听过这样一句话——"都是为了你好"。

这个句式堪称情感勒索的鼻祖,也是我们最容易学会和应用的。我们可能从小就从父母那里听到过这句话:

"赶紧练琴了,你看人家隔壁王奶奶家的孙子,钢琴过了十级,升学的时候有加分,我们让你学琴不也是为了你好吗?"

"你敢说累?我当年上学的时候,夜里还要点油灯呢!打你两下怎么了?我当年上学的时候还罚跪一天呢!我这都是为了你好!"

诸如此类的话语,充斥在我们生活中,不胜枚举。

说出"我是为你好"这样话语的人,在潜意识中可能就会认为:要达到我的标准,就要按照我的方式,我管你呢,反正我是为了你好。

但是,我们不妨回想一下,隔壁王奶奶家的孩子快乐吗?当年夜里点油灯读书的爸爸快乐吗?如果不快乐的话,为什么要将这种痛苦强加给别人,还要加一句"我是为了你好"呢?

同理,这种类型的情感勒索还有一个变体,那就是"给个面子"。

第三章
我不是站在你对面,而是站在你旁边

"面子"可比"我是为你好"的覆盖面更广,从身边人到陌生人都适用,因为中国人都要讲面子!酒桌上不就是这样靠情感勒索劝酒的吗?无论要办什么事,都先让对方"喝尽兴"。对方不喝,你就勒索"老哥,你不给面子。"这话的言外之意就是,不喝酒就是看不起我。可是在这种情感勒索下,对方妥协,然后因喝酒而难受,甚至进了医院,你又能做什么呢?

二、我不好过,你也别跑

生活中,我们应该都遇到过这样的情形:当我们自己心情不好时,看周围任何东西都会心情低落,觉得不那么完美。简单说,就是在上述情境下,我们非常容易陷入一种想要"拉人下水"的心态中。

打个比方,工作中,你是一个小组的主管。在公司组织的某期考核里,你们组的情况不怎么理想,这让你十分不开心。你可能会想:又不是我一个人的问题,我不爽,你们怎么能没事人似的?于是你大发脾气,让组员战战兢兢,而你也并没有因此而好过一些。你的理由是:"我怎么会不高兴?还不是因为你们没做好?你们做好点不就没事了?我不高兴,你们也不能高兴。"

但是,换一个角度想,对方为什么要让你好过呢?如果他是不得不如此,那么你越是欺凌对方,对方就越会抗拒。如果他是真正关心你的,就会时常处于自我质疑和战战兢兢的情绪中。他总是想要为你解决问题,同时还要担心你的反应。如果对方对你不是病态的依赖，那么迟早有一天会离你而去。

三、被人关注当焦点

在生活中，细细回想一下，有没有经历过下面这种情况？

有的时候，我们想成为众人关注的焦点，因此当一同聊天的人说起他们感到高兴或悲伤的事情时，你会想方设法地抢过风头。比如在一次聚会中，你的朋友说："我前天仅仅迟到了一分钟，这个月的全勤奖就没了。"

这时候，大家都对他的遭遇表示安慰，你却说了句："哎，什么全勤奖啊？迟到了就是没有的啊！你们小年轻一点点委屈都受不了。现在才刚过实习期，有工资拿就不错了，我当年可比你惨多了。当初我上班迟到的时候，你们是不知道……"

自然，朋友们的注意力就会被你吸引过去，会掉转头听你说自己的悲惨故事。你也许并没有什么恶意，也不会觉得自己说的事和他的情况不一样，你的经历不会适合另一个人，但对那个被你抢了风头的人来说，往往就觉得你不够礼貌了。

这一点，希望读者朋友们在生活和工作中都尽量避免。

四、付出就得有回报

我们都应该听到过这样一句耳熟能详的话：滴水之恩，当涌泉相报。

对一个普通而善良的人来说，受到了人的恩惠，自然应该寻思

第三章
我不是站在你对面,而是站在你旁边

报答。可是,我们细细思量,这句话似乎是一个道德评价,是用来约束"受惠者"的,而与"施与者"无关。

但是我们可以回想一下,在日常的工作和生活里,自己是否也曾以高高在上的"施与者"自居,而向"受惠者""勒索"报酬呢?

在这里,我们来举个例子。你是公司的元老级员工,一个新同事入职,向你了解一些工作上的事情,于是,你指点了他一些做事的方法。等到他适应了新的工作环境,你就总是对他暗示:"年轻人,当初可是我给你指路的,你是不是要给我点回报啊?"

当然,你说得未必如此坦白,但让对方开后门总是免不了的。比如对方有朝一日负责你的项目审计,可能要求比较高,你就说:"嘿,差不多就行了,想当初,你这个职务还是我推荐的呢。"

或许你自己没有意识到,但这就是典型的情感勒索。你觉得理所当然,但一旦对方没有完成你指派的任务,你就会产生无法抑制的怒气。就好像那个在女生宿舍楼下点了五百二十一支蜡烛的男生表白不成时一样:"我都点了这么多蜡烛了,你怎么还拒绝我?"

可是这二者,明显没有什么必然的逻辑关系。你所做的自认为的"好事",并不能成为你要求对方履行"义务"的理由。

在上文,我提出了"还不都是为你好""我不好过你别跑""被人关注当焦点""付出就要有回报"这四种典型的情感勒索方式。我之所以将它们都罗列出来,是希望读者朋友们通过阅读意识到,什

么是不妥的行为。而当我们意识到之后，只要反其道而行之，就能达到另外的、更好的彼岸。所以，我们避免情感勒索的方法就是：控制住自己。

正所谓"己所不欲，勿施于人""己所甚欲，也勿施于人"，说的就是这样的道理。

我曾经听到过这样的一个例子，这在我们生活中也颇为常见。

一个女孩子十分忧郁地说："我总是觉得我男朋友不理解我。我明明只是生气了，需要他哄一下嘛！他为什么要问我原因呢？为什么要和我讲道理呢？他只要顺着我就好了啊。所以我不开心的时候，如果他不马上哄我，我就要让他也不开心。我明知道我这样是不对的，但总是忍不住。"

事实上，我们在日常生活和工作中，不会有意识地去用情感操控甚至勒索别人，但是无意识的操控和勒索更为致命。因此建议读者朋友们在提出自己的需求之前先问问自己："我是想得到安慰和帮助，还是想拉一个人陪我一起受苦？"

弄清这个问题后，再据此做出相应行为也不迟。希望被人疼爱不是错误，但是要控制住自己的情感，不要把自己正常的需求变成一种"你如果不这样，就是不爱我"的情感勒索，那样对男女双方都不是长久之计。

我们时常能看见这样的新闻：

第三章
我不是站在你对面,而是站在你旁边

"公交车上,年轻人不肯让座,遭老人暴打,这是罪有应得。"

"一方有难八方支援,富豪为何不肯捐款?"

"……………"

这种指责,细细思量,实际上是毫无道理的。道德从来不是用来要求别人的,而是用来约束自己的。我们的态度应该是"你需要帮助吗?我十分乐意帮助你"。而不是"你为什么不帮助别人呢?你明明有这个能力的"。

每个人都对自己的能力有一定的判断,也都有各自的性格。我们所能做的,是根据自己的能力,做好自己的判断,而不应该拿自己的判断要求他人。

胡适有句名言:"一个肮脏的国家,如果人人讲规则而不是谈道德,最终会变成一个有人味儿的正常国家,道德自然会逐渐回归;而一个干净的国家,如果人人都不讲规则却大谈道德,最终会堕落成为一个伪君子遍布的肮脏国家。"

我觉得,很有道理。

我们是相同社会中的一分子,同时也是不同的个体。世界因为不同,才更加精彩。所以我们最好不要用自己的价值观轻易评判谁是对的,谁是错的。只有适合自己的,才是最合理的。所以,我们在与人交流的时候,除了秉持自己的原则,还要尊重他人的选择。希望我和我的读者朋友们,都能和谐交流,远离勒索。

GONG

QING

GOUTONG

ZHENG

FU

REN XIN

DE

YI SHU

第 四 章

真正的高情商，
都是先共情再否定

成熟的人，总懂得消除认知偏差

生活总是泥沙俱下的，好事坏事相应而生，积极消极对半而分。

同人交流沟通也是同样的道理，但凡是和人打交道，便不能保证每次都会遇到鼓励、肯定等积极的反馈。嘲弄、反对、否定、批评，乃至毫无道理的指责亦常常有之。我将这些情况统称为负面反馈。我发现了一个有趣的现象：我们有很多词汇用来形容遇到的负面反馈，比方说"好心当了驴肝肺""鸡蛋里面挑骨头""油盐不进"等，但是没有人告诉我们该用什么方法来面对这种负面反馈。

一位朋友曾和我抱怨说："大飞老师，我向一个朋友推荐了你个人发展学会的'十四天沟通训练营'。结果我刚开口说这是一档教人沟通的节目，还没具体介绍，他就不耐烦地连连摆手，跟我说：'你多大了？连说话还要人教？真是闲的，学了也没用。'我一时不知道说什么，又不好跟他发脾气。碰到这样的人，我倒是想聊天，但是他不反对你心里就难受。碰到他啊，还真就像是印证了他说的一样，学了也没用。"

第四章
真正的高情商,都是先共情再否定

于是,我就跟这位朋友开玩笑说:"碰到他啊,不是'学了也没用',是'学啥也没用'。因为他不是听不懂你的话,他是压根就听不进去。不过我觉得你还是可以抢救一下的,至少我们可以通过回应负面反馈提高自己的抗击打能力。"

随着互联网经济的不断发展,人们获得信息的渠道越来越广,所能获得的信息量也越来越大。我们在获得信息的过程中,渐渐会形成自己的习惯、心理和判断,而这种习惯、心理和判断是很难改变的。所以,让别人接受我们提供的信息,会变得越来越艰难。换句话说,在这种情况下,我们碰到的负面反馈必然越来越多。

有一次,我和朋友讨论电子竞技解说课程的安排。从事电竞组织工作的老师很严肃地向我们提建议,要求我们开设一个心理方面的课程。我表示说,这些我们都安排了,有艺术心理学、交流心理学,等等。

结果,老师很无奈地说:"我说的不是这个,我说的是自我的心理调节。现在的弹幕实在是太可怕了,你正很认真地解说呢,屏幕上突然来了一群弹幕,言语刻薄,全都是骂你的。如果没有一点儿心理防线的话,可能都不知道下一步要如何解说了。"

他的这段话引发了我的思考。可不是吗?日常生活中,当"吐槽"成为交流的习惯,当挑刺儿成了发泄的途径,我们该如何面对这种负面反馈呢?

我们当然都想得到别人的肯定,如果是欣赏或者赞美就更好。

当我们遇到否定的时候，心情难免会变得沮丧。可是换个角度来想，我们中国还有一句古话：忠言逆耳利于行。如果别人对你的反对和否定是有根据的，是能帮助你进步的，我们要便虚心接受。

当然，有些负面反馈是毫无道理的，无论你说什么，对方都一概反对，这时就该据理力争，表明态度，也可以选择忽视对方，不放心上。因此，在面对负面反馈时，我们首先要判断它的性质，再选择合适的心态来应对。

所以，我们在面对负面反馈时，**首要任务就是让自己冷静下来。**

但想要做到完全冷静也并不容易。除了在心里告诉自己"要冷静"之外，我给大家推荐一些实用的小技巧。比如深呼吸，或者先离开交谈的场所，独自待上一两分钟，等情绪稳定了再回来继续对话。一个笑容——无论是自嘲的还是友善的笑容——都能给你加分，让你和对方都放松下来。或者是"顾左右而言他"，先跟对方说点别的，将话题岔开，转折生硬没关系，只要自己能控制好情绪。

因为面对这种负面反馈时，我们首先要做的是不要让情绪影响到我们，让我们做出不理性的行为。简单粗暴的回应很可能让原本微小的错误扩大化，甚至变得无法收拾。人无完人，对方能够指出你的问题，并不代表他就没有问题。我们切记不要因为被否定而恼羞成怒，进而倒打一耙，反过来指责对方。要记住，就事论事是个很好的习惯，无论对工作还是对生活来说，都是如此。

第四章
真正的高情商，都是先共情再否定

第二，不要急于逃避责任。

我们当然可以认为自己是正确的，尤其是当我们对自己的观点或者工作成果充满信心的时候。如果这时候我们收到了负面反馈，肯定会一肚子火！自我澄清没什么错，但是不要操之过急。如果对方否定或者反对你，通常会给点理由，指出你具体的问题所在，这时候你就要耐心听完，再表达自己的意见。如果对方并没有给出理由，你就可以问一句："请问我错在哪里了？请指教。"

如果真的不是你的错，当你经过了认真思考，找出了证明自己正确的理由，或者弥补自己错误的措施时，再及时解释和澄清。

这个"复盘"的时间没有固定的限度，只要你认真思考且思考清楚了，那么十分钟不算短，一个月也不算长。不必因为对方否定了你，就把对方划入阶级敌人的阵营。合适的时候，你可以找到对方，心平气和地说："上次你提的意见我仔细想了一下，有几点你提得特别对，之前我确实想得不够周到，谢谢你指出来。还有几点我认为并没有错，我觉得……"这样才更容易解决问题，而不是制造问题。

第三，不要陷于负面反馈无法自拔。

负面反馈有时会让人陷入自我怀疑，这是很正常的。你可能会想：我是不是能力有限？是不是水平太差？难道我根本不是这块料？我明明已经很努力了啊！

但是我们不应该一直沉浸在这样的想法中无法自拔，而是要从一个积极的角度来想：我哪里做得不对？哪里做得不够？哪里需要改进？

前段时间，我有一本关于演讲的新书要出版，然后拿了书稿给朋友看。

说起我这个朋友，很有意思。他的工作和演讲无关，但他是一个特别认真的人。结果他看了我的书稿，一周后给了我一个电子文档，指出了四十多处问题。我当时很震惊……心里还是有点儿别扭的，嘀咕着："就你事多！"

但仔细看了后，我发现这位朋友的提议的确有道理。他事后跟我说："不好意思，一点儿不成熟的意见。"

我赶紧说："哪里哪里，我高兴还来不及呢！"

从这个角度看，接受朋友认真提出的意见，还真的是件省钱省力的事呢！

但这并不能说明我们的工作不够好。我们应该看到的是，原来真的有人关心自己啊！

接下来，我们结合几个具体案例，分析一下在不同的场景中面对负面反馈时该如何处理。

一、同事的挑剔

朋友小洁的公司有一个考核系统，最开始是小洁维护的，每个月的考核报告也由她负责发送。本来这份报告是直接发送给人力部

第四章
真正的高情商,都是先共情再否定

门的,后来应公司要求,报告要给每个员工都发一份,并抄送公司管理层和人力部门。这样一来,大家就都知道报告是小洁发送的了。

有一天,小洁的上司转给他一封邮件,内容是:小洁是故意整我的,我不知道怎么得罪了她,才上了她的黑名单。

小洁看了后非常纳闷:坏了,这是被人投诉了。而且看来不只是一个人。那么,会不会有越来越多的人对我有看法呢?这样下去,领导也会质疑我的能力吧?但考核是公司要求的啊,我只是个执行者,又有什么错呢?为什么要针对我呢?

她想给上司发邮件辩解,然后直接给那个投诉她的人打电话问明情况。但后来小洁又仔细查看了一遍邮件,注意到了一个有些情绪化的词:故意的。

小洁想,自己是按照公司的要求设置考核系统的,怎么会是故意的呢?于是她重新检查了一下设置,发现系统会自动提示有哪些员工的业绩存在无法完成的风险,并显示出来。这只是一种提示,不代表他们真的没有完成任务。但是小洁把系统默认的结果报了上去,虽然也没有错,可会让人产生误会,认为被系统点名的人没有完成业绩指标。

于是小洁给这位同事回了邮件,还抄送给了上司。

在邮件里,她说:"十分感谢你的提醒,让我注意到了系统设置的不完善。我能体会你的感受,对给你造成的伤害,我感到非常抱歉。我完全没有任何恶意，今后会不断改进自己的工作，避免给同事带来任何误会。"

她这一番话说得言简意赅，不久后，小洁改进了系统，大家都了解到了她的耐心、真诚和善意，再也没人因为考核报告的事提过意见，上司也很赞赏她化解矛盾的能力。

二、客户的反对

相信每个做过乙方的同学都体会过被甲方支配的恐惧。

无论你的工作完成得多好，他们似乎永不满足：

"这里再添两页PPT（演示文稿），内容太空泛了。"

"这个地方再给我修改一下。不，整个结构图都改掉。"

"你怎么知道蓝底配红字伤眼睛呢？你做出来我先看看。"

"⋯⋯⋯⋯"

所以，如何面对来自客户的负面反馈，便是我们接下来要重点处理的事了。

首先，你要先认可客户的反对意见。是的，哪怕客户真的错了，你也要先表示认可，谁让我们是乙方呢？其实，当你给予客户足够的认可和尊重之后，客户也会给你机会解释自己的想法。

举个例子，客户跟你说："你这个图怎么左边和右边宽度不一样啊？这样不对称嘛。"

你就可以回答说："您观察得真仔细，之前没人跟我提起过这个问题,我来给您解释一下……"

如果他听了之后,仍不希望遵循你的专业意见,那你就按照他说的办。

其次,要弄明白客户真正想要表达的意思。有时候客户说的话会显得很模糊,比如:"你做的这个不太好。"

先不要忙着解释,而是要追问下去:"您觉得哪里不够好呢?我具体改进。"

客户可能会一时半会儿说不清楚,这时你就需要用自己的专业技能来引导客户:"是视觉和外观不满意吗?还是文案不够吸引人?或者是功能性不够强?或者说您还希望实现哪些功能呢?"

这样一步一步追问下去,总能找到答案。而且,通过这些细节的引导,更能体现你的专业性,在专业性上得到进一步认可,会让你以后的工作事半功倍。

三、上司的批评

相信身处职场的朋友们常常会遇到这样的问题:我的上司情绪不太好!而且是一直不太好!

谈起脾气不好的上司,很多人常常有说不完的话。上司总会发脾气或者显得很急躁,往往不分青红皂,劈头盖脸就是一顿批评。

面对这种情况,我们应该怎么办呢?认错。你要知道,适当认错并不代表自己low(低级)或者好欺负,更不代表你真的错了。因为谦和的让步和私下的解释比制造并直面冲突好过一万倍。

这时有人可能会问了:"我不知道自己哪里错了,怎么办?"

没关系,先承认错误,然后再慢慢问。比如你可以这样说:"真对不起,都是我的错。我之前认为已经想得够全面了,但是显然不够,领导您能给我一点儿提示吗?我该怎么改进一下?"

当上司对你的工作有意见时,解释有用吗?当然有用,合理的解释能够避免让上司对你产生误会。但是,解释的作用仅此而已。切记,不要总是找理由。因为上司不会关心你是不小心看错了一个小数点,还是用错了模板,你只需要提出解决问题的办法就可以了。

如果你感觉自己没做错,但是仍然挨了骂,那么就要想一想,是上司心情不好所以拿你出气,还是你一开始就没理解上司的意图?想明白了这一点,可以帮助你迅速做出判断。对于前者,要虚心接受批评;对于后者,要顶着骂问一句:"领导,您能再跟我说一下工作要求和注意事项吗?我重新做一遍。"

我们在与人沟通的时候,目的在于传递信息,而不是争一个对错或者输赢。没有人总是正确的,所有试图做到这一点的人无一例外地都失败了。因此我们要接受反对、否定、批评和指责。我其实觉得,人类在面对赞美的时候,常常心花怒放、扬扬得意,这无可厚非。但是,正确面对负面反馈,消除认知偏差,则体现了一个人理性的思维和个性的成熟。

第四章
真正的高情商,都是先共情再否定

我只想说服你,而不是反驳你

我一直崇尚和提倡思想丰富、观念多元。所以,在日常生活中也好,工作中也罢,我最害怕的事情就是听不见不同的声音。

听不见意味着三种可能:第一,我们团队越来越统一,越来越僵化;第二,我大概有意无意地打击了不同的想法,所以没人愿意开口说了;第三,我们的项目已经接近失败的边缘,即便成员有不同的想法,也是回天乏术,所以就没必要说了。

读者朋友们,你们不觉得吗?如果我们的目标当真正确、方法肯定可行、领导一定英明,思想高度一致和步伐整齐划一的确能带来好的结果。但事情永远都不会那么清楚和简单。

在我们的生活中,分歧不仅在所难免,而且还会越来越多。

那天,我看到了一则新闻:有的学校给聋哑孩子配备了非常醒目的橙色和反光材料的书包,以便保证孩子们过马路或在夜间行路的时候,能够引起司机的注意,防止发生交通事故。这看上去是慈善,但是马上就有人反对,说这样实际上就是给有缺陷的孩子贴上了标签,让他们在普通人群中显得突出和格格不入,伤害了孩子们的自尊心。

这种说法好像也很有道理。那么,我们该怎么办呢?合理高效地处理分歧是一件非常需要智慧的事情。与别人发生分歧时,要如何说服对方接受你呢?

第一,一定要听清楚对方的观点。

在说服对方之前,我们有必要先认真听一下对方的观点。如果你没有理解对方的观点,就不能与自己的观点相互印证,说服对方也就无从谈起了。可能有时候,我们对自己的观点十分确信,所以乍一听对方和自己意见不同,就忙不迭地想要反驳和说服对方。但这种盲目的做法,可能使你做出错误的判断。

容易造成误会的原因在于:我们在说话的时候,除非事先做过万全的准备,否则非常有可能说错话。所谓的说错话,一是表达不清楚自己的意思;二是根据不确定的论据做出了某种结论。

比如有人说:"中国男足从来就没有争气过,世界杯从来就没有中国男足的份儿。"他这个表述的确不是很严谨,因为中国男足在2002年韩日世界杯时的确进过三十二强。但是,深究这句话却是没必要的,因为这改变不了在2002年之前和之后,男足再没有进过世界杯的事实。所以他想表达的意思在前半句里已经表达清楚了,那就是我们的男足不够争气。他想表达的重点不是后面的事实,而是

第四章
真正的高情商,都是先共情再否定

前面的情绪。这时候,我们只要决定是否认可前半句就可以了,而不应该抠字眼儿。

有时候,夫妻双方抬杠就是这么造成的。

一方说:"你从来就没有关心过我!"

另一方马上就寒心了:"好,我从来没有关心过你!我真不知道,你竟然这么没良心!"

抠那个"从来"的字眼做什么呢?这不过是气话啊!何必呢?

所以说,我们如果想让自己更有说服力,首先要学会倾听对方,找到对方最想表达的根本意思。事实上,在对话时,说话最多的人往往并不是最受肯定的,那些听得最多的才是。当你和他人交流时,不要总是试图从对方的话里找到区别,而是应该先找到你们的共同点,先赞同对方。你们只有在某些方面达成共识,才能更好地化解分歧。你要为接下来说服对方做准备,因为如果你们有共同点,那么对方也会愿意接受你的意见。如果你们在所有方面都有不可调和的矛盾,那么就很难真正说服对方。

第二,学会好好引导对方。

接下来,我想跟大家分享一个"蜥蜴脑"的概念。

美国芝加哥大学博士、西北大学传播学教授吉姆·柯明斯写过一本书,名字叫作《蜥蜴脑法则》。在这本书里,吉姆·柯明斯把人的大脑分成了三个层级。位于最外层的是大脑皮层,这一层是高度智慧化的，分管人们的理性思维。中间一层的功能是处理作为哺乳动物的基本情绪。而最内层的大脑，管理的则是人类作为一种生物最原始的本能。因此，柯明斯博士把它称为"蜥蜴脑"。

我们知道，蜥蜴是冷血动物，身体没有温度，冷冰冰的。这一部分的大脑也是如此，它只会根据原始的冲动做判断。人类作为一种智慧生物，首先还是具有动物属性的。因此，即便我们在做出所谓"理性"判断时，在最深处也都含有很多本能的动机。所以，要想说服对方，就要想办法和对方的"蜥蜴脑"达成共识。

有两个观点和大家分享一下。

首先，我们要先改变对方的行动，而不是态度。

很多时候，我们都希望对方对我们先做出某种承诺，表明自己的态度，好像这样就代表着对方被我们说服了。其实不然，行动比态度更重要。我们形成某种态度，也并不是只靠思考就可以，行动在很大程度上也能够影响事后的态度。

所以，改变一个人的行动，比改变态度要简单得多。我们可以尝试先引导对方做一件事，然后通过事件的结果改变他原本的态度。比如对方原本认为川菜都是辣的，不好吃，关于这一点，你先别急着争论。你可以叫点儿不辣的川菜外卖，等对方吃完了再告诉他，刚才吃的是川菜。这时候，对方就会明白自己的局限性，从而改变对川菜的态度。

第四章
真正的高情商,都是先共情再否定

其次,你不要总想着改变对方的想法,你应该尊重对方的判断力。

当你和同事的意见不一致时,你如果说:"听我的就对了,听人劝吃饱饭。"对方往往会觉得"你是谁啊",于是,他会在这种思维的导向下,变得越发不肯合作。因为我们每个人都想根据自己的心意去完成一件事,而不是被迫服从。

如果你说:"我知道我们在这儿争论都是为了更好地完成工作,为了进步。但是,我曾经在这方面吃过亏,这些教训都是我用自己的'鲜血'换来的经验,我之所以提意见,是不想你和我一样'流血'。"

然后,你讲一讲自己的真实经历,让他自己做出判断。这样一来,对方才会觉得你是真的为他好,而不是为了置气或者出于狭隘的心理,非要让别人听自己的。他自然会自主地做出改变,而不是被逼无奈。

接下来,我有三个说服的方法分享给读者朋友们:

一、一开始就让对方说"是"

当你想要说服对方的时候,你要先让对方明白,你们的目的是一致的,只是方法不同罢了。因此,你要让对方一直都做出肯定的答复,而不是一开就说"不"。因为我们都知道,人的第一印象是很难改变的。所以,你要先迎合对方,再和对方讨论,要最大限度地避免和对方争辩。

早在两千多年前,古希腊哲学家苏格拉底就提出了这样的观点。

苏格拉底一生都在和人辩论，而他总是能取得胜利。他总结出的说服他人的法则是：如果和对方的观点不一致，那么你们开始时不要讨论有分歧的问题，而是先谈一谈双方的共同点。当你们一个共同点接一个共同点地谈下去时，最后对方会发现，原来他没有哪一点和你是有区别的。

从前，有一个服务器主机销售经理向客户推销自己的主机。客户的购买意向原本是一百台，但为了取得对方的认可，销售经理给对方提供了两台主机试用。几天之后，客户找到销售经理说："你们的主机在价格和性能方面都很不错，但运转时的温度实在是太高了，我还要再考虑考虑。"

这时候，销售经理在心里说："天哪，我这是遇到外行了，主机功率这么大，温度低了才怪。"

但是他知道，过多的争辩是无法让对方认可自己的，于是他说："您说得很对，温度太高了肯定让人觉得不舒服，但是业内是有相关标准的，是这样吗？"

对方回答："是这样。"

这个经理又说："在夏季，主机温度应该不高于七十度，是这样吗？"

对方回答："是这样。"

经理说："现在是夏天，在两台接近七十度的主机旁边待上一会儿,一定会很不舒服。"

客户想了想,觉得他说的有道理,于是和他签了单。

从这个例子中,我们可以看出,如果你在一开始就让对方回答"是",那么通过不断的引导,让对方连续说出几个"是",那么,你们想不达成一致都难。

二、巧用假设句式

我们经常在美国电影里看见能言善辩的大律师们这样提问:"如果我的当事人真的在现场,那么现场为什么没有留下任何与他有关的痕迹?""如果你说的是真的,那么为什么其他证人的证词都和你不一致?"

这种引导式的提问,可以让陪审团的陪审员们开始思考,但是思考的方向实际上已经被带"跑偏"了。

因此,当我们想说服对方时,也可以使用这种假设的句式。比如你和同事在工作过程中出现了分歧,就可以问:"一开始的方法没问题吧?如果换你来做,你也会像我这样处理吧?"

这样说的话,一方面能引起对方思考,另一方面也把对方拉到和自己同一战线:既然开始的做法都一样,后面的又怎么会不同呢?这样一来,对方的对立心理就会减弱。即便对方原本有一些抵触情绪,听了这种假设句式,也会认真想一想,而不是非要和你针锋相对地辩论。

三、让对方自行得出结论

我这个标题的意思是说,你应该巧妙设法,让对方觉得你的观点是由他们自己想到的,而你只不过是恰巧说了出来罢了。要做到这一点,你从一开始就要形成计划,有一个完整的想法,然后逐步让对方"上套"。这时候,你要提出一些小建议,而不是急着去否定对方。

对方在你建议下,会沿着你设定的方向思考,最后,就会得出你希望他们得出的结论。而且,因为对方觉得整套想法都是他自己想出来的,所以他们执行起来不会有任何抵触。

我提出的这个方法的确能够彻底说服对方,但唯一的缺点就是,作为想法的原创者,你要躲在背后,不能居功。但是,只要你的本来目的达到了,当个幕后英雄也是非常光荣的。

小洁有一个朋友,她是一名服装设计师。她有很多客户,其中有大牌,也有独立品牌,很多我们耳熟能详的品牌都用过她的设计。她算是一个非常成功的设计师了。但是,她也有些遗憾,就是一个她一直很喜欢的品牌从来没有采用过她的设计方案。

有一次,她尝试了一个新办法。那天,她带去了几张完成度在80%左右的草图去拜访这个品牌的总设计师。她说:"这里有几张没完成的草图,我没有灵感了,您看能不能帮我把它们画完,让它符合您的设计风格?"

第四章
真正的高情商,都是先共情再否定

设计师看了看,回答说:"我考虑一下,你过几天再来吧。"

几天之后,你猜怎么着?人家只是在她最初的方案上稍稍填了几笔就接受了她的方案,基本上算是全盘采纳。

所以呀,我们这位朋友自己想通了一个道理:客户都很有主见,多数还心高气傲,所以不愿意用别人的现成设计。但是,当他们有权利修改和定稿时,他们就会以为是自己提出了这个想法,以为这些都是自己设计的。哪怕他采纳的其实是一个他从前一直都"看不上"的方案。

所以,我们要知道,在日常生活和工作中,观念的分歧一定是常态。但是,我们千万别把分歧当成分道扬镳的理由或者决裂竞争的开始,能正视分歧和消弭分歧才是一个人成熟的标志!

◇ 共情沟通：征服人心的艺术

心甘情愿说好，温和坚定说不

有一天，我无意间看到朋友小洁手里的几个策划案，被震惊得哑口无言！

碍于关系，于是我以一个非常委婉的方式凑过去问小洁："你怎么能对自己这么没要求啊？"

小洁看看我："其实这不是我的主意，我是半路接盘的。这些有的是领导安排的，有的是同事做不下去委托我帮忙的，有的是老客户的，他们非要找我弄这个，我也没办法。"

"那你就没觉得这些东西'辣眼睛'吗？"

"辣啊，呛得我头疼。"

"那你不知道这些东西传出去后可就砸了你的招牌了吗？你就没想过你以后可能接不到好项目了吗？"

小洁反问我："难道我不知道吗？可领导的、客户的、朋友的要求就这么扑面而来了，都是有里子有面子的人，我能说不行吗？"

早在我们小时候，长辈就教导我们"吃亏是福""能者多劳""多

第四章
真正的高情商，都是先共情再否定

个朋友多条路""别轻易拒绝别人"，他们的确也是这么做的。我外公在铁路部门做领导，别人老是找他买卧铺票，他不想破坏纪律，就真的贴钱帮人家排队买，我外婆一直骂他，可他年年如此，直到退休。

我们的长辈没有告诉我们拒绝有时候也很重要，更不要提教导我们怎么拒绝才能不伤里子、保存面子了。健康的交往要从学会拒绝开始。在这一章节，我们就来学习一下，拒绝别人的话该怎么说才能不伤面子。

一、不要觉得拒绝不好

首先，得解决心态问题。

拒绝其实谁都能做，但是我们往往在说出那个"不"或"但是"之前，脑电波已经跑了不知道多少圈。有时候，话到嘴边了，那个"不"或者"但是"还是说不出来——太不好意思了。

在现代社会，首先要维护好个人利益。因为但凡以破坏个人利益为前提的要求与帮助都是不长久的，当然，自愿的除外。拒绝是维护利益底线的重要保障。换句话说，如果你总是答应其他人的请求，那么自己的时间也好，精力也罢，可能就无法保证了。

不会拒绝，还会带来一种畸形的关系：索取的人和不懂拒绝的人相互依赖，索取的总是索取，给予的总是给予。前者的要求越来越过分，后者则越来越累。这种关系到了最后难免会崩溃，但是每个人都在指责对方，正所谓"斗米恩，升米仇"。

有的朋友可能想:"别废话了,我也知道拒绝是对的。但是,我以前是个不会拒绝的人,现在突然开始拒绝,会被人骂得很惨吧?"

嗯,有这种可能,但是成熟的人更应该考虑的是整体利益和现实条件,更应该懂得面向未来做决策,而不是只考虑眼前是否挨骂。当你懂得了拒绝之后,以后的生活将变得豁然开朗。

二、拒绝可以采用退步进攻

拒绝对方会有麻烦,无非是觉得这样会让对方没面子、下不来台。但是,只要我们掌握一定的技巧,就能让拒绝的话变得没那么难说出口。这时候,我们要注意自己的态度,先肯定对方的意见,然后再表达拒绝。这样就能让对方有一个接受拒绝的心理过程,少一些负面的感受。

比如有人请你帮忙一起做一个项目,但是你不愿意。你就可以说:"这件事我觉得很有意思,也很想参与。但是你看,我现在忙得脚打后脑勺,实在空不出手了,真是不好意思。"

这样,先让对方感受到自己的真诚和热情,然后表明无法参与的理由,最后礼貌地道歉。一套组合拳下来,对方通常不会难为你。那么,重点来了,接下来我们该看看怎么表达后面的那个"但是",也就是表明自己为难的几种方法:

1.表明自己能力有限

如果别人找你帮忙,而你想要拒绝,就可以表现得谦虚一些,

第四章
真正的高情商，都是先共情再否定

说自己的能力不够，心有余而力不足。你要让对方明白，你不是不愿意帮忙，而是为了对方好才不得不拒绝。

比如有朋友找到你说："我这儿有个新项目，你不是做过广告行业吗？帮我弄一份宣传文案。"

如果你的确不想帮忙，你就可以说："我确实做过广告，但是我不是做文案的，文案是创意人员来做的，我的水平还不够。要是因为我的文案不过关，耽误了你的项目，你让我以后怎么有脸见你啊？"

你这样主动暴露自己的缺点，足以让对方意识到，他确实不该强求于你。

2.表明自己无法完全做主

你在拒绝别人的要求时，可以利用公司的规定或者家人的要求，让对方明白你身不由己，从而知难而退。

如果你的工作很忙，同事又来找你帮忙，你也可以用这种方式推辞。

比如隔壁组的同事找到你说："小刘，上次你们组做过类似的项目。你手熟，能不能帮我做个表啊？"

你可以说："哥，你看，我已经加班半个多月了。要是再干不完手里的活儿，我不但没法跟领导交代，家里人也要没收我的支付宝了。实在是对不住了啊。"

如果对方继续紧逼："这个你做过的嘛，很快的，一会儿就能做完,不耽误你的事。"

你可以说:"还一会儿呢,我就刚刚上了个厕所,不到两分钟,领导看我不在工位,还骂了我一顿。现在我手头这个项目是领导亲自抓的,这个活儿要是干不好,我就得卷铺盖走人了。哥你心疼我一下啊!"

这时候,同事肯定不会为难你了。当然,如果你真心觉得过意不去,以后还想帮助他,那么你可以在后面跟一句:"这次没帮上忙真是不好意思,下次我一定帮忙。"

但我要在此提醒读者朋友们注意,你要是当真不想帮忙,那就千万别瞎客气,否则人家还觉得你欠了他一个人情,以后搞不好真要还的。所以,这种所谓的"下次我一定帮你"的瞎客气就别说了,许诺不兑现,更让人生气。

3.推荐他人帮忙

我们仍以上文提到的"朋友找你帮忙做文案"为例。如果你的朋友还是不死心,一定要请你帮忙,你就可以说:"我确实不行,不过我有几个前同事和我关系不错,他们就是做创意的,我可以介绍你们认识一下。但是,我可不敢打包票他们一定会无偿帮你,因为他们的作品价格可是很贵的。你需要吗?"

这样一来,你既帮了朋友的忙,又能把自己从中抽离出来。而且,最重要的是,你从头到尾都在为对方考虑。对方一旦接触了专

第四章
真正的高情商,都是先共情再否定

业人士,自然会明白之前找你帮忙不合适,他不但不会怪你,还会感谢你提供了渠道。

4.提供力所能及的部分帮助

如果有朋友找你帮忙,你实在不好意思推辞,又不想过分占用自己的时间,就可以从对方的请求中选择一部分你可以胜任并且相对简单的任务帮忙。这样,既显示了自己的诚意,又不会让对方下不来台,还保障了自己的利益。

比如同事找你帮忙做报表,而你手头有工作在忙,就可以说:"我过半个小时就要开个会,看来没法帮你弄完了。这样吧,我发你一份模板,你对照自己的数据修改一下,应该能给你节省一些时间。"

我上面所说的这些方法还可以组合起来使用。

举一个大家最愁的例子——假设同事问我们借一百块钱,而我们不想借……就可以这样说:

表明地位和处境——"我身上真是没钱,这不是双十一嘛!我老婆用我的支付宝清空了购物车。"

提供力所能及的部分帮助——"我去找找看啊,看看我车上是不是有点儿零钱,你先凑着。"

推荐别人帮忙——"我现在没有钱,我一会去别的办公室帮你问一圈,看看谁身上有?"

怎么样,通过这个很简单、很口语化的例子,读者朋友们学会了怎么去拒绝别人吗？

最后，我强调一点，朋友找我们帮忙，忙可以不帮，但是我们要真诚地表达歉意。

虽然我们都有权利拒绝别人，但是为了人际关系更加和谐，我们在拒绝之后，要非常真诚地表示歉意。

有人可能会走向另一个极端，心里想："明明是对方来麻烦我，我有正当理由拒绝，为什么要道歉呢？"

这是因为，人们往往都会把事件和感情挂钩，求人的一方总会有这样的想法：你不帮我的忙，就是对我不够好。所以，你要让对方明白，你只是拒绝了"事"，而不是对方这个人。事情虽然没法帮忙，但感情仍然是非常好的。

但是，我们同样需要注意的一点是：不要过度道歉。只需要真诚道歉一次就够了，而不是一直说："对不起，对不起，没帮上忙简直太对不住了……"这样过分自谦和自责，会让对方觉得你是有负疚感的，只需要再求几句你就会答应，甚至会产生"你不帮我就是不对"这样的错觉。因此，我们道歉的时候一定要掌握好分寸，适度即可。

大家想想，老好人这个角色真的有多少人尊重吗？不懂拒绝不会让你成为大家都喜欢的对象，反而会让人觉得你有些没有原则。所以，希望读者朋友们在被朋友要求做自己不愿意做的事时，可以不伤害彼此感情地说出"拒绝"二字！

第四章
真正的高情商,都是先共情再否定

方法对了,覆水可收

有一次,我在书上看到这样两道题,觉着挺有意思的,所以,就分享给大家。

题目一:某天,你看《创造101》看得正入神,突然情不自禁地蹦出一句:哇!这要怎么选择呀!这些女孩都超级好看啊!这时,你女朋友斜眼看着你:"你说啥?"请问这时,你该如何回答?

题目二:你同事跟你抱怨领导刚刚批评了她,你安慰她说:"领导都这样,不然怎么能成为领导呢?"可是你不知道,领导此时正站在你身后,他清清嗓子问你一句:"你刚刚说什么?"你这时勇敢地转过身来说什么?

看看,人生有时候就是这么艰难,你这张嘴不仅病从口入,有时候还祸从口出。碰到说错话的时候,你真是用尽全力也要给自己续上一命。有人说:说出去的话,泼出去的水,还能怎么办?其实,只要及时补救,还是可以挽回局面的。交流对象的地位越重要,交流中的求生欲就应该越强。所以,在这一章节,我们就来学习一下,在聊天时，万一搞砸了，该怎么补救。

一、戳到痛点及时道歉

如果你确实说错了话，那么不要犹豫，最简单的方法就是马上道歉。足够及时、真诚的道歉，是最基本，也最合适的方式。

我曾参加过一次聚会，因为女孩子比较多，于是大家就七嘴八舌地聊起了小动物们有趣的地方。

这时候，一个男孩说："我以前养过一只金毛。你们知道吗？它会去我们小区门口的小超市帮我买水喝。我给它五块钱，让它叼着零钱去，然后它就能再叼着水回来，真是特别聪明。"

我调侃道："收银员也懂你的需求，真是不容易啊。他倒没有给狗拿一盒烟，说'拿着，这是给你爸的中南海'，哈哈哈。"

男孩说："那是，我现在就等着训练它帮我拿外卖了！"

我刚想再说一句，没想到男孩转向了一名女孩："凌姐，我记得你们家养的也是金毛吧？你以前说它还能跟你去菜场买菜，帮你拎篮子呢。现在它是不是也可以自己逛街了？叫什么来着？摩卡是吧？"

没想到那个小姑娘眼圈一红："就是因为我太放心了，没有牵绳子，结果它在小区门口被车撞了，然后就……"

大家立刻明白了。男孩也马上端正了表情："凌姐，真对不起啊，真的对不起，勾起了你的伤心事，你别放在心上。"

第四章
真正的高情商，都是先共情再否定

其实，这种无心说错的话不会让人真的有多介意，因为无心还是有意，大家其实能看得到、感受得到，但是，无心说错之后，我们更在乎的是一个人的态度。如果你没有马上道歉，而是说："死了？真可惜。所以啊，现在物业说必须系绳子也是对的，还好我们家狗没出事。凌姐也别难过了，再买一条就行了。"

那样就完了！因为罪名有四：一是对引起对方不快毫无歉意；二是此时此景还指责对方错误；三是竟然当面表达幸灾乐祸；四是对对方的怀念缺少共鸣和理解。

所以啊，能不能把场面挽救回来，很多时候，态度是第一位的。

二、无心之失尝试恭维

我看过一段纪晓岚的故事，在此跟大家分享。

有一天，纪晓岚正在翰林院编纂《四库全书》。天气非常闷热，纪晓岚实在无法忍受，就把衣服都脱光了，光着身子整理书籍。这时，乾隆皇帝突然来了。按理说，皇帝到了某处，要先由太监通传。可是这天乾隆心血来潮，直接到了翰林院。他马上就要走到门口了，纪晓岚才收到消息。这时，正他光着身子，大为失礼，因为怕乾隆责怪，就躲到了桌子下面。过了好一会儿，他从桌子里露头出来问道："老头子走了吗？"

但乾隆这时还没走，就问纪晓岚："你叫朕老头子？这也是你叫的？"

纪晓岚略微一思索,说:"陛下,老头子是对您的尊称。您看,世人称皇帝为万岁,这岂不是老?陛下您是万民之首,这岂不是头?陛下您是圣人,孔子孟子都是子,您也是子啊。这三个字加起来,就是陛下的尊称——老头子。"

瞧瞧,这话说得多好听啊。

我们来分析一下纪晓岚的这段话。首先,他犯的错误性质不严重;其次,乾隆听了他解释的这话当然不会全信,但是纪晓岚的诚惶诚恐让他满意,急中生智让他感到可笑和赞叹;第三,无论如何,这话说得顺心顺耳,挑不出毛病。

三、针对错误借题发挥

如果你说错的话实在很难挽救,那么不如干脆借题发挥——"在错误的路上越走越远"。你可以将自己的错误变得更加明显,然后在这个错误上做文章,为自己之前的话找到一个合理的解释。

晋代的文人都非常风雅,而且特立独行,经常"口出狂言",竹林七贤之一的阮籍就特别放纵不羁。有一次,他听说了一起杀人案,有人杀死了自己的母亲。他就随口说道:"杀父亲就算了,怎么会有人杀母亲呢?"

此言一出,一片哗然。周围的人不但认为他目无王法,还纷纷指责他不守孝道。

这是非常严重的指控,因为在古代,孝道是一个几乎不能碰触

第四章
真正的高情商,都是先共情再否定

的禁忌。阮籍也意识到了自己的失语,于是镇定了一下,继续说道:"杀死父亲的人,无异于禽兽,当然不足挂齿。而禽兽尚且认识母亲,如果连母亲都杀,简直连禽兽都不如了。"

这其实就是修辞"飞白"的运用,运用好了反而会增色。

在一期广播节目中,本来两个主持人要谈的是"麻辣火锅",结果一不小心,女主持人说成了"lá mà 火锅",两个人顿时笑作一团。接下来,两个人将错就错,就一直用"lá mà 火锅"的说法,有时说对了都要故意改错,这种调侃,反而使得气氛更加轻松、活泼。

有一次,我参加了一个聚会。其中有一对夫妻,妻子比丈夫高出一头。我们跟她的丈夫很熟,但是是第一次见她。于是,朋友阿楠就开玩笑说:"我们现在关心的是,你怎么会看上他?他有什么优点?"

那妻子也是耿直:"我跟你们说实在话,我就是看上他有才了,所以当时没想那么多。如果当时是经人介绍,一个瘦小枯干的人站在我面前,我可能马上就是一个字——不行!"

我说:"'不行'是俩字。"

阿楠马上接嘴:"她现在是改口说'不行'了,是俩字。她实际上真想说的一个字应该是'滚'!"

于是大家就都笑了起来。

事实上,阿楠的问题在某种程度上就不该问,"不行"也的确是俩字,我也没必要揪着说出来,但是经过阿楠的玩笑,这件事情就变得无伤大雅了。

四、巧用转折，引向正确

如果我们没办法像前面一样将错就错，那么还可以想办法岔开话题，把原本的误会一带而过或者改变其性质。比如你一时口误说"某人很讨厌"，又正好被他听到了。你就可以装作没看到他，继续说："这人真是太讨厌了，明明这么优秀，还这么努力，还让不让我们普通人活了啊？"

也就是说，我们说出来的话，在话音没有落定之前，最终的解释权还是在自己手里的。如果你意识到自己说错了话，就可以用一个转折词来过渡，表示刚才的话并没说完。接下来，你就可以加以解释。你可以否定之前的话，也可以进行补充说明。

比如你可以说："刚才这个是我听说的，但我不认同这种观点。"

所以，最好是用这种类似大喘气的转折，来把错误的话重新引导到正确的方向上。

五、转移对象，自嘲补救

既然我们说错了话，那么"挨打要站好"。除了之前我们所说的各种方法，大家也可以选择把话题引向自己，并大方地承认错误，然后通过适当的自嘲化解尴尬。因为你已经先于对方责怪了自己，对方自然也就不好责怪你了。

有一次，我看小S和蔡康永主持的《康熙来了》。蔡康永说：

第四章
真正的高情商,都是先共情再否定

"这一期的嘉宾很忙,一天要赶五个通告。"

小S说:"通告多又不代表有多红,有些人一天要赶八个通告,可是到了台上都没有人喊他的名字,那也没意义啊。"

蔡康永愣了一下,接口说:"你真是没礼貌,如果一会儿嘉宾要说的就是这样的事怎么办?"

然后小S就自嘲说:"哎呀,我是说我出道的时候就是这样的嘛,都要经历这样一个过程。"

你看,懂得分寸反而可以显得古灵精怪,冰雪聪明。

如果你说错了话,就可以用以上的方法补救。但是,即便你一时没有想起补救的措施,有些话也千万不要说。因为这样的话一旦出口,还可能带来二次伤害。

首先,这句话千万不能说:"抱歉,我这人说话比较直。"

可能有些人觉得这样非常坦诚,但是我们可以换一个场景来理解。如果有人开车撞了你,下车之后说:"对不起,我其实不会开车。"

这样的人值得你原谅吗?以"说话直"作为理由,表面上好像在认错,承认自己的缺点,实际上,却是暗暗地夸奖自己足够真诚。而这"真诚"似乎带有这样一层意思:我已经这样推心置腹了,如果你还生气,那么一定是你在斤斤计较。既然我们已经造成了伤害,就要想办法补救,单纯地说自己就是这样的人,实际上是在为自己开脱。这样说只能代表你的情商很低,并且十分自私。

还有一句话也不应该说:"刚才是开玩笑的,你别那么小气啊。"

这句话相当于把自己的责任推给别人。明明是自己说错了话,却要怪别人小气,只能起到火上浇油的作用。这句话的正确说法应该是:"我刚才是开玩笑的,如果让你不舒服了,真的对不起。"

你要让对方明白你不是真的想让对方难堪,而是因为没有把握好分寸才说错了话。

谈论了这么多,大家可以回答我的开篇问题了。

女朋友已经举起了四十九米长的西瓜刀:"你说啥?哪个女孩子好看?什么怎么挑?"

我们就可以这么说:"啊,我说我都不用挑选,自然就有好看的女朋友,我这命怎么就这么好呢?"这样说的话,是不是会更好呢?

第四章
真正的高情商,都是先共情再否定

尴尬,是困境也是出口

俗话说"智者千虑,必有一失",我们在外奔波久了,接触的人多了,无论学习和实践过多少沟通技巧,也难免会出现一些小小的"失误",让场面变得很尴尬——比方说你交流的对方突然询问了你一个难以回答的问题,直接拒绝回答非常生硬;支支吾吾又显得奇怪,会让对方疑惑或者不满。

所以,这个时候,转移话题比硬扛要显得聪明。只不过转得太生硬了会"翻车",转得太慢又容易"熄火",这十分讲究技巧,要知道,善于掌控话题的变换是谈话和交流中的重要技能。所以这章节的内容就是:如何才能巧妙转移话题,避免尴尬。

下面,我给读者朋友们分享几个与"转移话题,避免尴尬"有关的小技巧。

一、迅速转移

迅速转移话题的优点当然是短平快,而且可以充分表明态度,证明你不想就这个话题进行下去。那么这个时候,你需要的是简单的句式和套路。比如你可以用"突然想到"这样的句式来转移话题。

这种句式的转折实际上还是生硬的,但是在情感上可以弥补。如果你的表演功力足够的话,可以表现出对新话题的兴趣和对对方某些方面的关心。

打个比方,如果有人问:"唉,听说你谈恋爱了,打算什么时候请我们喝喜酒啊?"

你可以这样回答:"喝喜酒?哎,对了!我突然想到,上个礼拜去喝老刘的喜酒时怎么没见到你?老张也去了,他还和我打听你的消息呢,让我约你改天一起坐坐。怎么样,你什么时候有时间?"

这样,你就成功把"追问婚期"的话题转移到了"改天再约"上。

你要是觉得这种转折生硬的话,可以稍微扩展一下,重点是在上一个你不想说的话题和你接下来要说的话题之间找到共通的关键词,然后巧妙连接。

比如还是"催婚"这个主题。家里人说也就算了,但如果是同事都跟着凑热闹,那就烦人了。有人跟你说:"在可预见的未来,还能不能有你请我们喝酒的机会啊?"

这时候,你不想谈"520",只想谈"618",那么,你可以在这两个话题当中找到一个关键词,比如酒、买东西。那么你就可以说:

"喝酒没问题啊,我又不是不能请你!你想喝什么?我'618'上网帮你抢!"

如果你还想跟这个人继续聊,那么你们可以就品酒、买酒等话题聊下去;如果你不想跟对方聊,就可以转向旁边的大姐,后面再跟一句:"张姐,你'618'下单了吗?"

二、匀速转移

一般来说,浅层表面一些的话题,用上述方法当然没有问题,可以实现我们迅速转移话题的目的,但有些话题可就不那么容易转折了。因为话题的背后隐藏着一些概念或是观点,你非常不容易跳出被对方话题圈定的范围。这时,可能就需要你多走几步,但是步子可以迈得稳一点儿,不要因为不知道怎么办而慌张。

比如在美国"水门事件"中,有很多官员引咎辞职。有一位官员被媒体问道:"您的辞职是否与水门事件有关?"这位官员回答道:"我为国家服务二十多年了,多年来,我一直把国家放在第一位,现在,我决定做一个好丈夫和好父亲。"

他这样的处理,既没有明确回答对方的问题,避免了落入圈套,又把大家的关注点转移到了他对家庭的爱上。

再比如美国著名主持人拉里金采访时任伊朗总统的内贾德,他问道:"总统先生,您喜欢来美国吗?"这看似是一个普通的话题,但是背后隐藏的观点却是暗露玄机——美国跟伊朗的关系非常不好。

如果内贾德直接说"不喜欢",会显得很情绪化和心胸狭窄;但如果回答喜欢,又会带来非常严重的政治波澜。所以,内贾德稍稍停顿了一下之后说:"我喜欢来联合国,因为在这里,我可以跟很多有相同理想和观念的人讨论,为全人类的未来做出贡献。比如这一次,我们就会讨论反恐和经济合作的问题……"

看吧,多聪明,政客们的太极拳是很厉害的。因为联合国总部设在纽约,所以内贾德就用这样一个回答,巧妙避开了背后的陷阱,从与美国的恩怨中跳脱出来,转而关注其他领域。

三、慢速转移

如果你对你们之前聊的话题并不反感,只是对方并未说到你的兴趣点上,那你最好采用慢慢交流的方法。关于慢慢交流,我们可以采取以下几种方式。

1.顺着对方的意思,从对方的话里打开局面

有些时候,对方像个话痨一样喋喋不休,你插不进话,也不知道该从哪里说起。那么,你就可以先听对方说,然后再想办法扭转局面。

我有一个朋友是网络作家,有一次,一位热心读者托人找到了他,说想和他见上一面。他答应了见面,本以为是简单聊上几句,然后签个名就可以了。谁知道见面之后,对方的仰慕之情简直如滔滔江水连绵不绝,从小时候喜欢读书开始,一直说到长大之后的文学梦。

第四章
真正的高情商，都是先共情再否定

我的作家朋友几次想开口，都没找到好的切入点。后来，他找了一个切入点，径自开口问那位读者："你喜欢我作品的哪个方面呢？是语言风格，还是写作技巧？"读者的注意力明显被吸引了，他回答说："我喜欢你的语言，简直太生动了，把生活里的点滴乐趣体现得淋漓尽致。"于是，就着这一点，他们聊起了文学作品中的语言，聊得很开心。

其实呢，我的这位朋友完全可以直接打断对方，但他没有这样做，而是给足对方面子，同时也找到了一个自己能参与的话题。在这里，他采取的方法就是先倾听，然后抓住机会抛出问题，让对方不自觉地跟随自己转移话题。这样，就扭转了局面，避免了尴尬。

2.整理对方的话

大家在生活中，有没有这样的一种交流体验？有时候，对方说了很多话，但都没说到点子上。而且他说的话里含有很多你不喜欢的成分，你既不想忍受这种无聊的"轰炸"，也不想破坏交流的气氛，那么，你就可以主动出击，把对方的话整理总结一下，然后再转移话题。

我的表弟曾和我说过这样一件事：前一阵子，他参加了一次同学聚会，那时候，因为大家刚刚毕业一年，所以基本都在分享自己被拒绝过多少次的出糗经历，以及在过去的一年里取得了多少进步。但是，他们班有一位同学就很不寻常，他借着点酒劲儿，开始夸耀起自己有多么厉害。

他说自己入职面试一次通过,在过去一年里去过二十个国家,和马云合过影,和刘强东吃过饭,雷军还想"挖"他过去。他这样滔滔不绝地说了十几分钟,还没有停下的意思。其他同学的表情一开始是好奇,后来就变成了冷漠和厌恶。这时,我表弟开口说:"嗯,咱们同学里就属你有出息,不过你这天赋早就表现出来了。还记得那次去野炊吗?咱们切好了肉,生好了炉子,结果却下起了雨,你就想办法带着大伙儿搭了一个棚子。当时咱们淋着小雨吃着肉喝着啤酒,别提多来劲了。"

在座的同学们几乎都参加过那次野炊,于是就都回忆起了这段有趣的经历。这位吹牛大王作为事件的主角,自然也开始了相同的回忆。但这次大家就不再那么反感了,还你一言我一语地说起了细节,气氛顿时又变得热闹了起来。

所以,对方无论说了多少话,你都可以言简意赅地做出总结,然后把这个结论作为切入点,重新发起一个话题。这样,就能起到承上启下的作用,既和之前的话保持联系,又转移了当前的矛盾,从而找到大家都感兴趣的话题,让大家都变得不那么尴尬。

3.从小众话题向大众话题转移

在交流时,如果对方说起的是非常专业的问题,或者话题的局限性比较强,让同行的其他朋友们无法参与交流,这时,你就可以

第四章
真正的高情商，都是先共情再否定

想办法转移到更大的话题。

比如你正参加一次聚会，聚会上有两个程序员同学，竟然津津有味地聊起了代码，场面十分尴尬。这时，你就可以问："你们说的好像很高深啊，真是厉害。马上就到'618'了，能帮我写一段代码抢好货吗？我往购物车里加了很多好东西。你们呢？都有什么想买的？"这样转移一下话题，大家都就可以共同参与进来，分享自己的购物车。

瞧瞧，采用这种由小众话题转移到大众话题的方式，是不是很快就化解了尴尬，并活跃了气氛呢？

但是，我们刚才说到的都是当我们自己遇到不想回答的问题之后，该怎样转移话题。但其实还有些时候，恰恰是我们自己提出了不合时宜的问题，让对方不好回答。所以，一旦你发觉了场面的异样，就要及时反应过来，转移话题，让对方重新燃起和你交流的兴致。

要引起对方的兴趣，就要从对方的外在表现推测对方的心理，然后再对症下药。比如对方最近刚生了一场大病，你问道："怎么样？完全康复了吗？我听说这个病可能有复发的风险。"

这时候，如果你发现对方脸色一下就黑了下来，就要很快意识到不对，并转移话题。你可以说："不过啊，你的气色一点儿都不像生过病的人，简直像个小伙子。话说回来，咱们当年还是小伙子的时候，那是相当受欢迎啊，我还记得那个谁追你来着，你还记得吗？"这样，通过美好的回忆调节一下气氛，让对方的沮丧情绪得以缓和。

转移话题要讲求方式方法，不能太"硬"，也不能太"软"，在不同场合要运用不同的方式，这样，才能让聊天不显尴尬。

GONG

QING

GOUTONG

ZHENG

FU

REN XIN

DE

YI SHU

第五章

共情式表达，
从受欢迎到被需要

◇ 共情沟通：征服人心的艺术

幽默感很多时候就是分寸感

从前我在书店，尤其是在机场书店，看到最多的图书是成功学方面的。现在走进去发现，教你"如何说话"的书则占了大半。当时我是有点儿蒙的：怎么突然间，大家都这么想好好说话了？

到现在，回头一想，也对，因为随着时代的发展，大家对文明的要求越来越高，也越来越在言语、行为举止上有一种"让他人舒服、与人方便"的理念，而这，也体现着我们的综合素质。

有道是："衣食足而知荣辱，仓廪实而知礼节。"

所以，我有时候就窃喜，说不定再过段时间，"教你幽默"的书会越来越多！因为，只会说话还不够，幽默，特别是有智慧的幽默，才是说好话的重要法器！我们大家，都喜欢和幽默的人相处。

所以，我今天要讨论的内容是"幽默"。我从三种笑话的构成方式出发，分别对应不同的场景，希望可以让读者朋友们在变成一个更快乐的人之外，还能在各种社交场合魅力四射！

第五章
共情式表达,从受欢迎到被需要

第一种,消极修辞。

适用场景:聊天、演说、讲话等各种场景。

适用人群:习惯观察生活的有心人。

我在这里所说的消极修辞,指的是没有技巧的技巧。换句话说,只要你会讲故事,就完全可以把生活中很普通的小细节变成幽默的小段子。

我的朋友海涛前段时间办了一张健身卡,可奇怪的是,这张卡既不是在家门口会所办理的,也不是在运动中心办理的,而是在我们公司边上一家特别贵的五星级酒店办理的。

我说:"你疯了,有钱没地方用吗?"

"不是,真的很划算啊!"

"四万多一年,你告诉我哪里划算了?那跑步机是金子的,还是杠铃是银子的?"

谁料海涛嘿嘿一笑:"不是,因为他们那里送晚餐自助餐!饮料免费畅饮……"

我一听,就愣了,一个号称要健身的人,办的却是一张自助餐卡,这……

所以说,其实在很多情况下,我们所做的事情本身,在逻辑上就会产生很多"笑果"。善于观察和记录,能让你在很多时候用上,成为讲话中的点睛之笔。

关于这一方法，赵本山和小沈阳的小品《不差钱》里，"这个可以有""这个真没有"，其实并没有用什么修辞方法，全是通过故事的结构和事情本身的逻辑发展，产生了一个必然的幽默效果。

在生活中，这种事情比比皆是，但你不记录就没了。我有一次问朋友小洁："陈奕迅的演唱会好看吗？他现场唱得好吗？"

小洁一板一眼地认真回答："不知道啊，我唱得比他还大声。"

听听，是不是会让人想要捧腹大笑啊？

有一次，我看到朋友阿楠大学时候的照片，我问他："哎，你大学就这一件夹克啊？从冬穿到夏？你不是说自己在大学里是'时尚先驱'吗？"

谁知阿楠丝毫没有愧色："那时候，我哪知道什么是名牌，只觉得店最多的就是名牌！所以优衣库的衣服我都是一打一打的买的！"

其实，大家在生活中，往往都能碰到很多这样的事情，但说说笑笑也就过去了，我们并没有认真地对待生活中的细节。但如今回头细想，将这些都记录下来，也不失为幽默的素材呢。如果我们能在记录的基础上，再加一些模仿，那就更好了。试想一下，现在方言的梗还少吗？口误的梗还少吗？只要你能放开模仿一下，就能让一般的笑点锦上添花。

我的一个导演朋友是东北人，演完他导的戏的演员经常会一嘴东北话。有一次，我去探班，突然下起了雨，其中一个八岁的浙江

第五章
共情式表达，从受欢迎到被需要

小演员看到下雨了，大喊一声："都赶紧进屋啊，一会儿脑瓜子给你浇精湿！"不用说，全都是我那导演朋友的功劳！

我们"十四天沟通训练营"老师的口误更是数不胜数，就在前天，同事老乔本来要说："虽然今天下雨了，但是来听课的人不少。"结果不知道哪根筋出了问题，一个口误给说成了："虽然今天下雨了，但是来听课的人不多。"他当时也发现不对了，于是又跟上了一句"不少"。

我听了立刻就笑出声了："好嘛，虽然今天下雨，但是来听课的人不多……不少。正好正好！"

所以您看，消极修辞最不需要的就是有什么技巧，直接记录和模仿就可以了。其实，更重要的是，消极修辞能够用来建立积极的心理暗示，让你在任何情况下都能保持轻松的心态，从而在面对困难时更加乐观。具有这样的观察力和幽默感，就会看到生活中的正能量，哪怕是经历了挫折，也能从中发掘让自己振作起来的力量。所以，消极修辞其实并不消极，反而有助于我们克服消极情绪，从而立对复杂的局面。

第二种，适度冒犯。

使用场景：好友闲谈、公司聚会等轻松场合。

适用人群：懂得分寸的人。

懂得分寸其实就是会拿捏彼此的关系。吐槽大会其实就是这种典型代表，虽然有时候这个"度"真的很难把握。

朋友之间不存恶意的、适度的冒犯当然可以。适度冒犯的方法主要是两点：推演和夸张。推演就是按照事情本身的逻辑来推论演绎，结果导出了一个错误的结果；夸张就是超出一般的逻辑，让事情更典型、冲突更明显。比如说我一个女同事的老公是德国人，那天，我们几个朋友一起吃饭，阿楠跟她的对话就是这样的：

阿楠："你老公是德国人啊？我们可一直记着八国联军的事呢。"

我同事笑呵呵地说："哈哈哈，我们家一个亲戚就说，你嫁哪国人不好，非嫁一个德国人？反正我就觉得他好，我说，我会让他跟大家'打'成一片的！"

阿楠说："哟，那你让他做什么了？"

"学散打。"

"真打啊！"

这些话呢，其实都是适度的冒犯。"八国联军""非嫁一个德国人"，按道理说都是不礼貌的，但是朋友之间，这种基于推演和夸张的适度冒犯会让你们谈话的氛围变得轻松，关系显得更加紧密。

同样，我们在一些节目中也会用到这种方式。当我们评论水价调整之后，很多大众浴室关门的时候，主持人就是这么说的："要命的是大众浴池，水价真涨了，老板肯定承受不起。可浴资不涨价，浴池也就只有关门一条路了。也有人想关半扇门，先把女部关喽。不知是谁做过统计，说女人洗澡用水是男人用水的四倍。看来女人

第五章
共情式表达,从受欢迎到被需要

不是祸水,女人是祸害水。当然,我们不能让浴室女部真的关掉,那以后公园人工湖里扑腾的主力就不是男同志,而是女同志了。"

你说,这种带有对男性和女性的吐槽以及夸张的演绎是不是不仅没有让您动气,还能让您更听得下去,更加关注呢?

第三种,预期与反差。

使用场景:开场介绍、讲话、脱口秀表演等各种场合。

适用人群:善于表达和思维模式有个性的人群。

不得不说,现在的很多公众号表达幽默时就常常使用这种方法!在你的思维模式和实际结果之间构成巨大的背离和反差,于是,笑点就诞生了。这种幽默的好处在于,它可以跨越不同的地域背景和文化背景,让不同行业的人产生共鸣。

比如说有这样一个段子(来自一名女高中生的自述):我高一的时候,常常因为迟到被班主任罚跑操场,于是,便迷上了一个经常在操场上训练的体育特长生。他每天都做体力训练,特别累。我太心疼他了,于是就把我所有的零花钱都省下来,给他买水买饭。但那个时候我很害羞,只好拜托自己的男同桌帮忙,并且嘱咐他保密。男同桌超级守信,不仅没告诉我,连那个特长生都没告诉——那小子都自己吃了。我感觉,他真的是一个讲信用的男同桌呢。

这个故事的结局是不是跟你听到开头的预期不一样?

我再举个例子:我的朋友有点儿秃顶,于是他使用各种生发剂坚持按摩，功夫不负有心人，后来，他终于长出了手毛！

有趣吧？这就是"反差萌"的魅力！

这时候，如果你的思维模式能再有点儿个性，效果会更加显著。比如："那天我看到一则新闻，说现在80后的离婚率高达50%，真是让人不敢相信。怎么会有50%的傻瓜还能坚持到最后呢？"

这明显违背了听者的预期，于是乎，笑点诞生了。

当然，制造笑话的方式有很多，比如仿拟：

1.珍爱生命，远离国足；

2.吸烟有害健康，国足有害生命；

3.看英超要钱，看国足要命；

4.正确使用数字电视机，可有效预防国足；

5.国足不是病，踢起来真要命。

所以说，幽默是提升你表达魅力的重要方法，而带来幽默的方法有很多，但是原理不外乎我提到的以上几个。能不能学会，能不能模仿和使用，能不能实践出"笑中自有黄金屋"，这全靠读者朋友们平时生活多用心，关键时候别嘴软。

最后，我跟大家分享一篇我在开学典礼上的演讲稿：

别跟我谈三观

我最近在思考一个问题：我小女儿今年五岁，她相信童话里一

第五章
共情式表达，从受欢迎到被需要

切美好的东西和大人说的每一句话。

你们比我女儿大十二三岁，可你们不会再相信童话，不会相信圣诞老人。同样，你们也不会相信老师说的每一句话！也许你们不会喜欢白雪公主，会说她绿茶或心机；也许你们不会相信王子公主能够幸福地生活下去，你们只关心王子会不会勇敢地和王子在一起。所以，同学们，这十二三年来，到底发生了什么啊？

按理说，你们受教育多年，应该是"五讲四美三热爱"的栋梁啊！你们应该深受"三年高考五年模拟"的影响，还处于神志不清、民智不开的状态啊！你们哪来的这些奇怪想法？我们跟你们谈了十几年的梦想和奋斗，今天各位老师又激情澎湃地说了一遍，但我能从你们的表情联想到你们的内心：唉，大叔，你的鸡汤也不比我妈的好喝嘛！待会儿，我顺手就会偷拍几张演讲者的照片发个朋友圈，配字就写：开学是憨豆先生讲话！

同学们，过去那珍贵的十二三年是你们三观成型的时间。其实你们明明知道什么是对的，什么是错的，知道练声是要早起的，宿舍是要熄灯的，要想顺利毕业是要遵守规矩的，找到工作是要努力拼搏的。但是，你们会相信规则、坚持真理吗？

有人说，我们现在在培养一群精致的利己主义者，对此，我深有同感！你们的师哥师姐们有很多人不来上课，因为他们不怕老师怕老板，他们觉得发工资的比发作业的重要；很多人也没有真正的信念，如果与切身利益息息相关，他们会在1+1=3的帖子下面点赞。同学们，我从来不怕你们不懂，我只怕你们什么都懂，但什么都不相信！

你们觉得自己在这十二三年里学会了独立、自由！是的，这本来很珍贵，但为什么在我们的眼里有时是张狂和散漫？刨除我们自身设备老化耗损的因素，刨除时代变迁的不可抗力，最主要的因素难道不是独立、自由的美名之下，缺少了责任、勤奋、坚忍这些最简单也最难做到的东西吗？

所以别跟我谈三观，咱们就谈常识！尊师重教是常识，守时守信是常识，三思而行是常识，"no zuo no die（不作不死）"是常识！但是，几个人做到了？三观正常，阻止不了你们对开学的紧张焦虑，阻止不了你们对生活的无力吐槽，阻止不了你们对北京一个七十年产权大房子的渴望！但是，我更喜欢那些脚踏实地、目光坚定的人！他们知道什么时候仰望星空，什么时候目视前方，自己做自己的主人，而不需要我们一遍遍地重复常识。

我不谈三观，是因为我先选择相信你们，然后，我希望我能够尊重你们！

第五章
共情式表达，从受欢迎到被需要

"眼力见儿"的三层境界

"眼力见儿"是一句北方方言，形容一个人是不是会"来事儿"，眼里是否有活儿，心里能否装事，有时候还用来形容一个人为人处事"润物无声"，周到自然。

因为是方言，所以在说法上不是很规范，也有的说"眼力劲儿""眼里价儿"等，大家不用太较真。但这句话的意思，用上海话来说就是"拎得清"，广东话就是"好识做"，重庆话就是"盯得到遭头"。

如果您还没完全理解的话，那我接下来说的这些没"眼力见儿"的行为您肯定能理解：客人夹菜你转桌，客户敬酒你不喝，上司隐私你乱说，领导讲话你唠嗑，老婆喝水你刹车。

大家说说，这种没"眼力见儿"的人你能忍吗？

大家可别小瞧这么一个方言词汇。从沟通的五个维度上来说，这看似简单的一个词却几乎串联起了我们交流的五个维度：好感度、准确度、信任度、迎合度和活跃度。

有"眼力见儿"的人，自会拿捏准确度和迎合度，所以，他们在交流中的好感度、信任度和活跃度自然会很高。可以这么说，"眼力见儿"涵盖了你核心竞争力的所有元素，要想在职场步步高升，没有"眼力见儿"怎么能行？那么，我们该怎样让自己变得有"眼力见儿"呢？

一、眼力见儿第一境界：懂规矩

规矩是一个相对来说较为笼统的词，正所谓"国有国法，家有家规"。只是，哪里的规矩要遵守，我不能穷尽叙述，因为太过纷繁复杂；而且规矩有公开的，也有潜在的，有时候潜在的规矩更难发现，更难遵守。

我来举个有"眼力见儿"的例子：

我们到一些高级的饭店吃饭，很多时候，我们没有察觉服务员在身边垂手而立，但是当你有需要的时候——比如你的筷子掉在地上了，刚想抬头喊服务员，一双新的筷子已经递到你的面前；你刚刚一轮劝酒结束，服务员已经帮你倒好酒了，而且她知道先给你的客人倒。这样的服务员你是不是喜欢？她在无形中已经帮你把场面上的事情做好了。

所以，你问我什么是场面的规矩？有明文规定吗？没有，但是你一定知道这些约定俗成的习惯和做法。做不到这些，你就是没有眼力见儿。

第五章
共情式表达,从受欢迎到被需要

那服务员的"眼力见儿"是从哪里来的呢?三个方面:经验、培训、工资。经验使她有意识,培训使她有规范,工资使她有动力。可是谁不是这样呢?生活和职场都是大熔炉,哪里都需要"眼力见儿"。

家里的规矩也许是整洁,所以千万不要在妈妈收拾东西的时候,往沙发上一坐,袜子扔在地上。如果你顺手帮妈妈把衣服放在洗衣机里,妈妈会说你有"眼力见儿"。

社会的规矩是不给别人添麻烦,因此请你不要在地铁上吃韭菜盒子,也请你不要找不到路的时候开车在路上横晃。带孩子上飞机怕孩子的哭闹影响别人,因此提前发感谢卡小礼物;怕进地铁的时候背后的书包撞到人,所以要懂得转身之前先看看左右的人,我们称赞这样的人为有"眼力见儿"。

我不觉得这些"眼力见儿"是见风使舵、左右逢源。我觉得懂规矩是最基本的要求,是一个人、一个公民、一个职员应该做的事。

二、眼力见儿第二境界:会观察

死记规矩是没用的,最重要的是会看脸色,尤其是在职场中,察言观色的能力非常重要。当对方的情绪和态度发生变化时,你要在第一时间有所察觉,这样才能合理地做出应对。这种应对不是一味迎合对方,而是用自身的能力解决问题和化解矛盾,并且根据对方的反馈来判断自己的表达是否合适,再决定下一步该如何回应。

我的一个同事名叫包包，男生，人很好，但他有一个缺点：磨叽。

上次我们去北京出差，两个人住一个房间，他在北京的朋友邀请他晚上出去玩。夜里十一点了，他一个人坐在床边犹豫："我是去呢，还是不去呢？今天要是不见，这段时间就没法见了，可去见的话我今天晚上休息不好，明天要是赶不回来，领导岂不要发飙？"

琢磨来琢磨去，十二点了，算了，洗洗睡吧。等都钻进被窝了，他还念叨着："我今天不过去，我朋友会不会生气啊？"

这种性格真的太愁人了！生活当中这样也就算了，工作的时候这么优柔寡断是要"死人"的。

有一次，他到领导办公室开会，领导正用右手拿着一摞文件，于是把闲着的左手伸过来，打算和他握手。可是他仍然坚定不移地伸出了右手，于是他们两个人用十分别扭的姿势握了一下。然后领导示意他可以汇报工作了，接着低头看文件。包包感觉有些尴尬，因为在他的设想中，领导起码要和他寒暄一下。

所以他镇定了一下，就说了起来。说了几句之后，领导抬起头来看了他一眼，眼神中带着些许疑惑。包包和他对视了一下，但是没有停顿，继续长篇大论。领导开始频繁地看表，包包依然无动于衷。五分钟之后，领导不客气地打断了他："说重点。"包包这才反应过来，赶紧汇报最近的工作进展。回到办公室后，他还在想：唉，

第五章
共情式表达，从受欢迎到被需要

我刚才还有几个事忘了说。

这真的是太令人啼笑皆非了。

包包的问题是完全忽略了对方的反应。握手环节的尴尬略过不提，因为这是一项最基本的礼仪：对方伸哪只手，你就要伸哪只手。当他自顾自地说着自己从入职以来的工作成绩时，领导已经用很多种方式提醒了他。首先是询问的眼神，"不是汇报工作吗？铺垫怎么这么长？"接着是看表的动作，明显表现出了不耐烦。如果他能结合领导在握手之前的动作——抱着一摞文件看，就不难得出结论：领导现在很忙。所以，包包没有"眼力见儿"的结果就是给领导带来做事拖拉、不讲重点的坏印象。

那么，正确的做法是什么呢？——把关注点从体现表面化的礼仪转向对方的反馈。

我们始终都要记得，沟通是双向的。有时候，对方"怎么说"比"说了什么"更重要。对方反馈的重点是动作和语言，那么，我们要如何有意识地观察对方的行为和语言呢？

我来给大家举这么几个例子：

比如当对方感觉舒服的时候，他的肢体动作通常会很放松，用词也比较中性和随意；当对方不舒服时，身体看起来就会因紧绷而僵硬，表情也更加警惕，用词也更多地带有攻击性。对方放松时的回应应该是笑着说"然后呢"，这就是中性的。但如果对方说"说重点""请快点""再说吧"之类的话,哪怕他面无表情,但是反感的表情一览无遗。

再比如当你和对方说一件事的时候,发现对方嘴里虽然说着"好好好,是是是",可是手上的活儿一直没停,眼睛也在看着别的地方。那这时,你就要明白,对方的精力现在并不在你这儿,而是在忙其他事情。你要做的是收住话头,和对方说:"您先忙,我的事改天再细聊。"

对方自然心里明白,"有眼力见儿!"然后嘴上也忙不迭地道歉:"招呼不周,真是不好意思。"

要知道,这次是你主动给对方留出了空当,因此当你下次再说这件事时,对方一定会优先处理。

三、"眼力见儿"的第三境界:能预判

要做到"更有眼力见儿"的这个"更"字,就不能只限于观察,还要学会预判。预判对方的行动和情绪。如果你能够通过和对方有关的一系列事件预知他的下一步行动,就能提前做好准备,从而实现更好的沟通。

其实,也没有什么神机妙算,我所谓的预判都是建立在对对方需求的充分了解上。

比如说朋友带孩子来家里玩。你可以预判一下孩子是男孩还是女孩;接着,你可以针对孩童的性别准备一点儿可以玩的东西;再

第五章
共情式表达,从受欢迎到被需要

想想孩子多大了,是小孩子的话,你就知道要准备温水冲奶。

在公司里也一样,领导要来你们部门调研,所有的流程你得先了解一下。你不知道他要调研什么,但你应该提前给他准备一份:部门的员工名册、架构表、各自负责的情况、项目推进的说明等。你准备了PPT,但是如果贵公司没有特别严格的环保和节省要求,你还应给领导打印一份,便于他来回翻阅。工作做在前面是我认为最好的"眼力见儿"。

除了预判行动外,我们还要学着预判对方的情绪。

我有一次去重庆做节目,因为天气的原因,航班先是延误了很久,最后竟然被取消了。

因为敲定了时间,而且后期补录非常困难,我必须要赶过去,所以马上改乘高铁。几经折腾,我总算是上了车。但是原本预定只需要两个小时的航程,变成了六个半小时的火车。所以,当我昏昏沉沉地到达目的地时,情绪其实很差,而这时距离开始录制已经不到一个小时了,对方也很着急。

来接站的呢,是一个小姑娘。她接到我之后说的是:"大飞老师,在车上没吃好吧?我们先去吃点东西再去棚里录制,您别急,您到了我们心里就稳了。化妆师和导演都在,您化妆的时候导演跟您讲流程,时间来得及。本来飞机的话您能早点到,多休息一会儿,这下让您直接进棚,辛苦您了,是我们安排不周。"

这看似是很简单的客套话，却是完美的情绪预判。她明白我肯定旅途烦闷，知道我很想发泄一下，所以事先用言语安抚了我，然后把具体情况和解决方案跟我说明，让我不急，真是周到细致。

其实，我上文所说的这三个境界也是三个阶段，懂规矩是基础，会观察需要训练，能预判需要经验和情商。有些人一定不服气："这有什么？我都能做到，我就是懒得做，我又不要做像你说的那些服务员，我不伺候人。"那我就不知道要说什么了。

我觉得现代社会，服务不仅是一个产业或者岗位，也是一种意识，做哪一行能没有服务意识呢？

也有人说，在公司是没办法，就像上文说的服务员一样，为了工资。回家还要"眼力见儿"吗？

当然了，回家没有"眼力见儿"倒是不会被扣工资，但是你应该有爱啊，如果感情分被扣光了，可比工资被扣光还悲摧呢！

第五章
共情式表达，从受欢迎到被需要

用好听的话"袭击"对方隐藏的虚荣心

前些天，听朋友讲了这么一个笑话。

传说俄国的大作家列夫·托尔斯泰说过这样一句话："千穿万穿，马屁不穿。"

这话听起来有点儿文不雅驯。但其实，这话托尔斯泰应当是说过的，只不过真正可以达到"信雅达"的翻译是这样的："称赞不但能满足人的感情，而且对人的理智也起着巨大的作用。"

这样翻译过来，是不是显得优雅多了？可是如果我们仔细分析上述两句话，就不难发现，它们的意思是一样的：关于说好听的，关于赞美。

说好听的，其实就是恭维。可"恭维"这个词似乎有点儿不太好听，因为它还有一个更接地气的说法：拍马屁。

关于如何夸赞别人，我曾在之前的章节里提到过，而在这一章节，我要给大家分享的，的的确确就是"虚"的，恭维——平地起高楼，无中生有夸！

世事如此纷杂，人与人之间的关系微妙而难以捉摸，我们终归会因为各种各样的原因，譬如说面子、利益之类，来做一些自己不喜欢的事，所谓"恭维"，或许只是其中最微不足道的那一种。

只是，恭维是有度的。而如何把握这个度，就是我们今天这章内容所要讨论的话题了：话怎么说，才能说得让人爱听。

在这里，我兮给大家分享几个小妙招。

一、不能下结论

首先，我们大家心里要明确一点：说恭维话的时候，我们要重点赞美哪些方面，才能取得更好的效果。切记，不要说一些生硬的、不合时宜的恭维话。

如果你和人初次见面，那么最稳妥的办法就是对对方取得的成就表示恭维。因为每个人都会为自己的成就而感到自豪，在听到别人的赞美时，他们往往不会拒绝，能够处之泰然。

话说回来，我们中国人其实是有这个传统的。我们初次见面时，也都是这么做、这么说的："久仰久仰，幸会幸会！"

其实，认真分析的话，这话是有漏洞的，才第一次见面，怎么就久仰，就幸会了呢？但不可否认的是，这话确实简洁高效。若是翻译成现代汉语，你可以用以下的话语来代替：

"您好，我早就听说过您了，您的某某作品我看过，真是震撼！"

第五章
共情式表达，从受欢迎到被需要

"您好，很久之前我就听某某老师介绍过您，今天碰到您真是我的荣幸！"

"您的大名在行业里面那可是响当当的，我的很多灵感就是得益于您的引领啊！"

"……………"

这些话听起来虽然很虚，但是放心，根本没人在乎真假！但别人的确会在乎你的态度，至少你对他的确有所熟悉。

如果你不熟悉别人的成就，可以退而求其次，恭维对方的着装品位。从一个人的衣着上，往往可以看出他的性格和爱好，因此，如果你恭维得体，会让人感到很受用，对方会给予积极的回应。

在这里，我要提醒大家注意一下恭维人的方式。如果你是做一种下结论式的恭维，比如说："您真是太成功了，人生巅峰啊。"

那么对方的回应无非是两种，一种是表示感谢："真是谢谢你能这么肯定我。"

另一种是较为委婉的拒绝："哪里哪里，我才刚刚开始。根本谈不上成功。"

请仔细斟酌，你这里的恭维实际上就有点儿微妙了。一是你用了一个下结论的方式，言外之意是认为他现在的成就已经到头了，但是，人家可不这么认为，也没人愿意这么认为；二是这话因为是下结论，直接让交谈基本上趋于结束。就算人家不介意，继续下一步的谈话也需要你有一个引领——这样一来，你就需要重新起头了。因此，如果你想要继续和对方的交谈，可以用一种提问式的恭维："您真是太成功了，在行业创意上，您有什么秘诀吗？"这样，对方就会有兴趣，有回应，从而让谈话继续进行下去。

二、不可过于夸张

请切记，我们恭维他人的目的，是为了让对方感觉舒适，从而获得对方的好感，进而创造一个良好的谈话氛围。但是，如果你说的话太过夸张，连当事人都不愿意相信，那么就和电视上的购物广告差不多了。我们多讨厌这些购物广告，对方就有多讨厌你的话。

我们可以假设一下这个场景：某一天，你们公司正在开部门会议，上司刚说了几句，你就边鼓掌边大叫，"好！领导说得好！"信不信，所有人的白眼都能翻到天上去，同时，也会显得你这个人非常没有"节操"。但是，如果你换一个方式，等上司发言结束后，问到你是否有什么问题时，你稍微一思考，然后说："您刚才的发言已经解答了我的所有疑问。"这就是恰到好处的恭维。这种恭维不会让人难堪，因为表达的起码是绝大部分事实。

所以说，恰到好处的恭维是个技术活儿，就好比是在吹气球儿，如果你想让气球足够漂亮和耐玩儿，那么并不需要把它吹到极限。

打个比方，我们公司有一位中年女同志，嘴特别甜，总是夸人。每次看到我，隔着半里地她都能使劲喊："哎呀，大飞老师，好久不

第五章
共情式表达，从受欢迎到被需要

见啊，你又瘦了！"吓得我赶紧吸了吸肚子。她这个人的确是会说话，却并不怎么讨人喜欢，因为她太夸张了。平时她夸同事、奉承领导，大家都觉得无所谓，打个哈哈也就过去了。

但有一次，领导生病住院了，我们大家一起去看望领导，她这个时候顺嘴说道："领导啊，你说你这病，还不是因为工作太忙给累得啊！你要是倒下了，我们可怎么办？这两天你没来，我们就觉得没了主心骨！"

领导听了这话，表情像吃了苍蝇一样，心想：合着我这是一言堂的工作啊？如果我倒下，工作就没办法正常进行的话，那肯定是我安排得有问题！一起去的同事也心里膈应：什么叫领导生病，就没了主心骨啊？说得像领导不来我们就不好好干活似的。

这就是典型的"拍马屁拍到马腿上"呀！你说，公司里谁能喜欢她呢？

所以说，恭维他人，说好听话时，一定要找准点，不仅要让对方高兴，还要让对方认同和信服。

三、不可千人一面

社会现象纷繁复杂，所遇情境千差万别，每个人的性格也不尽相同。同样，我们在面对不同的对象时，所说的话也应当有区别。

我打个比方，当你和年轻人交谈时，就要多关注他的将来。因为年轻人总是有着无尽的理想和希望，当你祝愿他有一个美好的未来时，他通常会很高兴。但是，如果你开口对他说的是："你这么年轻就取得了这样的成绩，看来你的父母在教育和培养你这方面真是下了大功夫啊。"这样的恭维，就不见得使人高兴。

对上了年纪的人，恭维就应该着眼于他的后代，而不是只恭维对方一个人。因为人上了年纪之后，往往会变得豁达，不在乎自己是否得到肯定。但是，他们希望自己的后代得到肯定，能够在未来取得好的发展。所以，你在恭维老年人时应该说："我看您的小孙子以后的成就肯定比您大，他的思路比您活泛。"这时候，对方不但不会生气，反而会认为你说得很对。

同样，如果你是一个销售员，面对财大气粗的买家时，如果说对方做人真诚，那对方不一定会有什么反应。但是，如果你说："您的生意真红火，您真是经营有方，我现在才明白什么叫日进斗金。"对方听了，肯定会笑得合不拢嘴。

如果你恭维自己的上司性格平和，宁静淡泊，对方通常不会有什么表示，甚至皱起眉头，因为他心里难免会想：你这是什么意思？宁静淡泊？你的意思是，我接下来就应该甘心于原地踏步了？但是如果你说："领导，您真是敬业，如果领导层都像您一样英明果断就好了。"上司听了后，当然会很开心。

当对方身上并没有什么可恭维之处，但是又满怀期待地询问你时，你务必不能让对方失望。一句简单的赞美之词，除了能带给对

第五章
共情式表达,从受欢迎到被需要

方好心情,说得玄一些,还能种下一丝美好的机缘。当对方取得了真正的成功时,总会记得你的好处。比如对方拿着刚写好的一段代码让你点评,你虽然看出很多了bug(漏洞),但还是要说:"我像你一样刚入门的时候,连一整句代码都写不出来,你还是很有天赋的。"

所以,如果你能根据对方的身份说合适的话,就好像是给对方喂了一勺蜂蜜一样,让对方甜到心里,更愿意和你做朋友。

四、在主观中包含客观

恭维因为常有虚构,所以常常会停留在形而上的层面。比如我之前说的,夸成就的影响,夸对方的品位,夸他的内心喜好,夸他的品格、能力、天赋等。这都不是容易量化的内容。

但是,你如果能在这个基础上,适当找到具体的点,效果就会大大增强。比如你恭维对方"你穿衣服的品位真好"就不如说"你的发型正配你这身衣服"效果好。此外,与自己的赞美相比,以别人的口吻说出你对对方的赞美,也会更有说服力。比如你要恭维一个客户,就可以像我在第一点里说的那样开口:"早就听人说您的公司是业界标杆,今天一见,真是名不虚传。如果您不介意的话,我可以拍几张照片吗?"

人的心理有时就是很奇妙。当你只表达个人看法的时候,也就是说,你的话完全是主观的评论时,对方可能会怀疑你的目的。即便你说的都是事实,对方也可能认为你是另有所图。但是,当你在表达时先说一下别人的看法,从客观的角度加以评判,再说出自己的主观看法,对方就会更容易相信你,不会认为你是在假装说好话。

五、要注意对方的喜好和禁忌

我的一位主持人朋友曾和我说过一件事。有一次,一位企业家上了他的节目。这位企业家以前是运动员,退役后开始自主创业,没过几年,就做到了行业一线。主持人在了解了他的创业历程之后,就认真地说:"我可不可以这么说,您就像体操王子李宁一样,不仅在运动场上旗开得胜,在商场也是游刃有余!"

主持人觉得自己说得挺好啊!结果对方本来还笑着,表情一下子僵硬了,在随后的采访中,再没露出过笑脸。主持人非常纳闷,不知道自己哪里说错了话。直到采访结束之后,旁边的工作人员才告诉他:"我们老板最烦别人说他像李宁。为什么?因为我们老板特别注意形象,他喜欢你把他和明星比较。"

所以说,不了解基本情况,就使得原本认为的赞美变成了嘲讽。

恭维对方之前,如果条件允许的话,自己一定要先做好准备。要发掘出对方感到自豪的优点,才能有的放矢。每个人都有自己的闪光点,有些经常对人说起,有些则是自己隐秘的骄傲。对于这样的闪光点,他们随时都渴望着听到别人的赞美,以满足他们内心的情感需求。比如对方曾经在集团公司组织的全集团技能竞赛中获得过冠军,你就可以对他说:"刘哥,你当年的记录到现在都还没人

第五章
共情式表达，从受欢迎到被需要

破呢，你真是我们组的镇山之宝！"你的刘哥必定心花怒放，红光满面。

综上所述，我们在以上部分说了五点恭维别人时的注意事项：不轻下结论、不过于夸张、不千篇一律、不完全主观、不忽略禁忌。最后，我还要说一点，不是只有功利性这么强的时候，不是只有在面对陌生人的时候，才需要我们恭维，家人朋友间也是可以这样表达的，哪怕开个玩笑呢！这样，会使我们的家人朋友获得很大的幸福感。

◇ 共情沟通：征服人心的艺术

场面话也可以很真诚

我们无法忽视现代生活中一个司空见惯的现象：许多生意，都是在饭桌子上谈成的。不管你喜不喜欢，都不得不承认。

很多时候，我们能否把一件事做成，不仅取决于自身学识、能力、信心与勇气，还取决于是否会"吃饭"，懂"吃饭"。我们这里所说的吃饭，当然不是简单地用筷子把饭送进嘴里，而是在一场饭局上找准自己的位置，建立并维持一段恰到好处的关系。

易中天先生曾经说过：我们中国人喜欢请客吃饭，不是因为贪吃、好吃，而是中国文化的思想内核——群体意识的使然而已。因此，我们在饭局上往往能够洞察人性，借此看清社会的运行机制。

有人可能会认为现在是新时代了，不讲这一套。但我要告诉你，无论是在什么时代，都要求我们具备起码的社会常识和处理人际关系的能力。这并不是封建糟粕，而是整个社会的文化氛围。

很多朋友可能有这个感觉，一进入职场，就会有很多应酬。各种饭局名目繁多，应接不暇。在那些非去不可的饭局上，肯定不能

第五章
共情式表达，从受欢迎到被需要

只顾埋头吃饭，还要发挥嘴巴的另一项功能——说话。在饭局上，如果能说好"场面话"，就能让宾主尽欢，让饭局在一派祥和的氛围中结束，并成为你今后打开大局面的起点。所以，我们就来学习一下，如何说好饭局上的场面话。

从字面上来说，"场"是交际的场合，"面"就是当着众人的面，因此，"场面话"的意思就是在交际场上当面说出的话。也许这个词给大家的感觉并没有很"高大上"，但我觉得还是很准确的，至少它非常准确地概括了以下几个特点：

场面话的第一要务，是要符合场合的气氛，要让大家感觉如沐春风。当然，这并不是要让大家说违心的话，而是要让大家明白，场面话的象征意义远大于实际意义，是社交场合中的一种实用技巧。会说场面话，懂得说场面话，就证明你具备了在职场中生存的智慧和能力。

虽然具体的场面千差万别，但其中有一些环节和要求还是一样的，也就是说，我们还是有套路可以遵循的。我们首先要维护好共性，然后才是发挥个性。比方说婚礼，随便你怎么策划，但是中式传统仪式中的对拜与合卺、西式礼仪中的誓言与戒指不能少。

场面当中不只有你一个人，你要找好自己的位置，然后才知道自己说什么话合适。

要说好饭局中的场面话，我们不妨从我上面说的几个特点入手。

◇ **共情沟通**：征服人心的艺术

一、符合场合的气氛

既然是饭局，气氛就要欢快而热烈！所有的话都是为了气氛服务的。被这种气氛熏陶过之后，交情自然会"更上一层楼"。

而愉快饭局的第一步，是点菜。说到点菜，这可真是一个技术活，请看下面这个故事：

有一次，一个做出国留学的朋友请客，来参加饭局的还有很多其他领域的朋友，大家都不太熟悉。点菜之前，主人让大家都看看菜单，大家纷纷表示"客随主便"，一切听指挥。主人拗不过，只好自己拿过菜单。不过他似乎记得每个人的心头好，一会儿问："小楠，我记得你喜欢吃糖醋排骨吧？来一份。"一会儿又问："大军，一看就知道你爱吃肉，给你点一份东坡肉。""老刘，咱们熟了，像你这种大忙人，要多喝点汤补一补。""对了，蟹粉是他们的特色，大家一定要尝一尝。""女士们，海鲜不忌口吧？点一份鱼肚花枝，给你们美容啊。"

这让我很吃惊，因为说老实话，在能照顾到性别、年龄、身体情况之外，还能记得每个人的爱好，真是非常不容易。因此，当他点完菜之后，大家都感到很开心，这顿饭吃得也非常舒服。当然，有时候菜也可以在之前点好，菜上来的时候再给大家介绍。所以，除了菜，更重要的还是说话。

作为主人，要说的场面话是："各位看想吃点什么？随意点，

第五章
共情式表达,从受欢迎到被需要

不要客气。"这时,通常来说,客人会像我刚才举的例子里一样说:"客随主便,您看着点就行了。"这是客人的场面话。在这种情况下,主人往往要担负起点菜的重任。接下来你要问的是:"大家是否有忌口?"

因为每个人的饮食习惯都不同,有人不吃辣,有人对海鲜过敏,还有人不喜欢吃肉。点菜前通过这种礼貌的询问可以尽量照顾到大家,点菜结束之后,如果服务员没有主动复述已点菜单,请务必记得让服务员报一遍,看看是否有遗漏,然后可以问客人们:"大家觉得这样可以吗?还有什么要补充的?"

点菜的时候,你是在跟服务员说话,但是点完菜之后,大家就会把目光集中到你身上了。这时候,目光就是"令箭",大家都在等你"发令"。我给大家分享两种最简单的方式:

第一种是彼此介绍。因为大家不是很熟悉,所以需要你挨个介绍一下,大家说说笑笑菜就来了。

第二种是介绍饭店或者菜品。为什么请大家来吃?时令符合、城中热门、交通方便、你跟这里的渊源等。讲讲这些,大家都关心,也都懂,氛围自然就活络起来了。

所以说,你的开场不是为了讲一个多大的重点,而是找一个平台为大家打开话题。

但要注意下面三点:第一,讲话时间不要太长。大家是来吃饭的，不是来听主旨演讲的，因此请务必把发言控制在一两分钟内。第二，重点要说清楚。说得是否精彩还在其次，关键得让人听懂你想表达的意思。第三，要尽量幽默，给接下来的交流营造一个轻松的氛围。

当然，饭局上少不了菜，更少不了酒，敬酒怎么说也非常重要。

可能有的朋友会问："我不会喝酒，也不打算破例，还要敬酒吗？"我们这里所说的敬酒，实际上是一种礼节性的举动，不一定要喝酒。敬酒的目的是交往，是表达敬意，重点在于"敬"。对陌生人来说，敬酒能让你们变得更熟悉。对朋友来说，敬酒也是感情的交流。敬酒的时候，要说些祝酒词。那种"啥也不说了，都在酒里了"的笼统性概括并不是在任何场合都适用的。

如果是和陌生人敬酒，一种最常用的场面话，就是讲讲缘分。你可以说："俗话说，有缘千里来相会，我们见面就是有缘，敬您一杯酒，也是敬这奇妙的缘分。"当然，你还可以说些祝福的话。每个人都喜欢听到祝福，恰当的祝福能让人心情愉快。但请注意，祝福要根据对方的身份有所区别，如果对方是经商的老板，就可以祝他财源广进；如果是年长的人，就祝他身体健康，多福多寿；如果是初入职场的年轻人，就祝他事业有成，早日加薪升职。

而最基本的酒桌流程，用简洁的语言概括，那就是：到场先提三杯酒，两个感谢一个祝福。一是感谢主人请客做东，二是感谢领

第五章
共情式表达，从受欢迎到被需要

导培养，三是祝福在座嘉宾。希望读者朋友们都能记住。

现在越来越多的人认识到，很多问题不能通过灌酒来解决，因此大家在喝酒这件事上也越来越理性。但是在一些饭局上，难免会遇到有人劝酒。如果你确实不想喝酒，或者不胜酒力，就要想一些对策。

第一点，也是最重要的一点，就是一定要坚定立场。如果你决定不喝酒，一开始就不要喝。只要你松了一点儿口，后面就由不得你了。因此在饭局的一开始，你就要表明态度，礼貌地对其他人说："实在抱歉，今天不能喝酒，请大家尽兴。"如果你担心毫无理由地拒绝别人很不方便，那么不妨找个小小的借口，比如身体不舒服，正在吃药。这个理由大家都能理解，算不上是欺骗，而是为自己和他人考虑周全。

第二点，要多说好话。酒可以不喝，但是好话可以多说，以茶代酒也是可以的。

二、共性当中发挥个性

劝酒一定要有祝酒词，但是祝酒词如果真的就是几句"领导在上我在下，您说来几下来几下"——低俗；"感情深一口闷，感情浅舔一舔"——套路；"感情铁不铁？铁！那就不怕胃出血！感情深不深？深！那就不怕打吊针！"——这不神经病吗？

现在，忘掉这些烂大街的话，自己多准备一点儿有品位的话，如果你能把话讲到一定高度，别人会觉得你很有社会经验，也更信任你。一个普通工人喝酒不需要文化底蕴，但是成功人士要，喝酒的祝词是你重要的展示机会，喝酒才能喝出生产力。

我国唐代诗人王勃的《滕王阁序》里就有几句流传千古的祝酒词：都督阎公之雅望，棨戟遥临；宇文新州之懿范，襜帷暂驻。十旬休假，胜友如云；千里逢迎，高朋满座。

我的朋友阿楠的祝酒词就说得特别好，特别是女嘉宾多的饭局，他准备了这样几句诗：新歌一曲共销魂，君由旧事我由君。待到今朝欢醉日，不负人生不负春。

听了后，是不是感觉他特别有才呢？

三、找准自己的位置

在一场人数众多的饭局中，我们首先要对自己有一个清晰的定位，是身份地位相对较高的，还是相对较低的；是今天饭局的主角，还是来打酱油的。接下来，我们要根据这些来确定自己该怎样说话，说什么，多说还是少说。

我一直觉得最难驾驭的位置其实是公司或者团队的中层管理者。老板不说话可以不想说，下属不说话可以不敢说，但是作为中层，你既要让老板想说，又要让下属敢说。

比如老板请你所在的部门吃饭，地点定在一家很贵的酒店。等大家都坐下来了，然后老板开口说："感谢大家，这次这个项目时间紧，任务重，但是大家还是在合同期内完成了，而且对方非常满意。

第五章
共情式表达，从受欢迎到被需要

我知道我们这个团队很辛苦，我在这里也要谢谢大家的支持。"大家这时候肯定是笑着鼓掌，然后……然后就都安静了。一是不知道该说啥；二是中层领导还在这呢，也轮不到他们说话啊。

这时，作为中层领导的你就可以说些场面话："谢谢老板对我们的鼓励！其实，在座的各位都是大牛，不过，论编程，谁也比不上咱们老板。"

这话说出来后，大家肯定大吃一惊："没听说老板还会具体业务啊。"

老板当然也非常紧张了。这时候，你可以接着往下说，幽他一默："编程不仅仅是在计算机上操作，给大家编织锦绣前程也是编程啊！这才是最高级的编程。为什么我们今天有机会聚在一起呢？因为老板，如果我们是精兵，老板就是良将，在他的领导下，我们才能发挥自己编程的特长，做出一番事业。就冲这一点，我们也要感谢老板的知遇之恩，来，让我们敬他一杯！"

接下来，就是喝酒的时候了，不过要记得，别犯我曾经说过的那些没"眼力见儿"的错误啊！

"领导敬酒你不喝，领导没醉你先多……"这些，就太不应该了。所以说，酒桌上、场面里，这种看似其乐融融的场合，内中蕴藏的，是机遇，也是挑战。我们一定要抓住机遇，迎接挑战，在什么场合说好什么话。

◇ 共情沟通：征服人心的艺术

细节，为情商加分的利器

在与别人沟通交流时，一些小细节是十分重要的。好的细节可以为你的情商加分，而一些不好的细节则会给人留下坏印象。那么，哪些细节可以给人的情商加分呢？第一，夸奖；第二，使劲夸奖；第三，"惨无人道"地夸奖。

其实所谓情商高，体现在沟通上，就是会说话。情商高的人无论到哪里都很受欢迎，他们能适应任何环境。已经没有必要向大家展开说明什么是情商，也没有必要反复强调情商的作用了，因为情商的内涵可以继续扩展，而情商的必要已经是大家的共识。所以今天，我们的重点是来谈几点交流中的细节操作，给你的情商"开个光"。

一、避免交浅言深

我不知道大家有没有这样的感受：社交圈大了，微信好友四位数以上了，但知心朋友却没有增加。大部分时候，我们与他人是职业关系，"哦，我们是同事"；或者社会关系，"他呀，我认识，他是

第五章
共情式表达，从受欢迎到被需要

我大学同学的前任"；或者是暂时的合作关系，"我们以前合租过。"但是，好朋友这个称呼，我们却未必敢轻易说出口——当然了，也可能我们对"好朋友"的定义不一样。不过，定义不一样，也不妨碍今天我要谈的第一点，那就是在交流中最能证明低情商的事——交浅言深。

所谓交浅言深，就是因为不会区分人际关系的边界，在两个人的关系明明并不亲密，对对方没有多少了解的时候，还要装作很熟的样子，谈一些颇为私密的话题。孔夫子有云：不得其人而言，谓之失言。如果对方不是你的至交老友，那么装作很熟就会导致尴尬的发生。

有这样一则趣事：一天，我去学校参加一个与"沟通"有关的会议，就看见一个宛若"热心大妈"的老师坐到了一位年轻女老师的身边："哟，小刘啊，好久不见了。这结婚后就是不一样，一看就是老公照顾得好，人都有点儿富态了啊！"

小刘"呵呵"笑了笑，也没说啥。大妈突然戏精上身似的："哎呀！我说小刘，你不会是怀孕了吧？"

小刘摇了摇头，轻轻地说："没有，还没这个计划呢。"

大妈爽朗地笑起来："哈哈哈，这还要计划？赶紧生，我跟你说，生俩最好！"

见小刘没回话，大妈自顾自地说了下去："生个孩子心里踏实啊,以后男人靠不住,儿子还是靠得住的啊!"

于是小刘站起身来:"王老师,我上趟厕所。"然后出去兜了一圈,回来后坐到会场那一边去了。

其实大妈本是好心,但是热情过头了。小刘跟她很熟吗?就当面说人家胖?不熟你就跟人家说什么生两个孩子最好?再者,你怎么知道人家需要依靠别人?这都是什么封建糟粕思想?所以说呀,这位大妈越界交流了,而且传递了错误的信息。

我们在生活中其实会经常犯这种错误,比如说问新来的同事:"你爸爸是干什么的啊?我听说是市里领导呢!"

同事聚会时候,我们往往喝了两杯就开始抖落同事的小秘密,"听说小张来咱们公司前还开过饭店呢,听说赔得挺惨的。哈哈哈,小张跟我们说说当时你是咋想的啊?"这都是交浅言深的越界行为。

社学会中有一个理论叫作"渗透理论",即人与人之间的关系发展,是由表及里的。要从较窄的范围逐渐突破,经过逐步的渗透,才能最终达到较大范围的深入交流。如果你在没有足够了解一个人的时候,就贸然前进一步,那么最终的结果通常会很难堪。因此,情商高的表现之一就是有分寸。

那么,和关系没有那么亲密的朋友沟通时,该怎样交流才恰当呢?该怎样判断聊到哪种程度才不会冒犯对方呢?我们可以采用试水温的办法。

第五章
共情式表达,从受欢迎到被需要

当你想要说一个和对方有关的话题时,可以采用迂回战术,先和对方聊一个类似的问题,看看他的意见如何,是否对这样的话题感兴趣。如果他很愿意聊,那么你就可以慢慢把话题引到他身上。比如刚才例子中的大妈老师,她可以这样说:"在来的路上,我看到对面小学操场在排练节目,你别说啊,现在的孩子营养真好,一年级小朋友我看个子都已经很高了。哎,小刘,你给小孩子排过节目吗?"

如果人家说没有,你可以接着问:"没有啊?那你喜欢孩子吗?"

人家回答说喜欢,那你可以适当地推进一下:"真好,你本来就是一个有耐心的老师,对自己的孩子肯定会更有耐心的。"人家说不喜欢,你就应该知道要适可而止了,试探之后你才能决定话题再往哪个方向发展。

在这里,我给大家提一点儿忠告,当你和普通朋友交往时,最好要避免以下两个话题:

一是容易触碰到对方痛处的话题。比如对方及其家人的健康问题,子女的成长问题,情感问题等。这些话题都是和人切身相关的,一旦触碰到了,就会引起对方的警觉和防御心理。

二是容易因为观点不同而引发争执的问题。比如更喜欢哪支球队,更喜欢哪个明星等。如果是和非常要好的朋友聊这些话题,争执并不会影响你们的友谊。但是,如果和普通朋友聊这个话题,很容易不欢而散。

二、避免空洞问题

我们来比较一下这样两个问题。一个问题是,"你喜欢什么样的旅行?"另一个问题是,"你在旅行时碰到的最好吃的东西是什么,是在哪儿吃到的?"

哪个问题更容易回答呢?很显然,第二个问题的答案更具体,也更容易回答。因此,当我们在和别人交流时,要提出具体的问题,让人方便给出答案,而不是抓耳挠腮地想一些故弄玄虚的词。就好比刚才的第二个问题,你问过之后,对方也回答了,你可以跟着说说自己的答案。说不定你们两个人钟爱的食物非常相像,进而你会发现你们有很多其他的共同兴趣,这时候,话题就会自然而然地出现了。

当然,如果不好确定该提怎样的具体问题,那么你可以先用几个只需要回答"是"或"不是"的问题来划定范围,摸索出对方感兴趣的点在哪里,然后根据这些点来提问。对方通常不会觉察到这种刻意的引导,而是在一片欢乐的氛围中和你越聊越深入。我们喜欢和自己相似的人,因此,这样的聊天会让人感觉很舒服,好像遇到了失散多年的挚友一样。

三、不把话题说死

我有一位同事,三十多岁了,还没有男朋友。有时候,我都挺

第五章
共情式表达，从受欢迎到被需要

替她着急的。

不久前，我们又一次聊起了相亲的话题，在谈话中，她吐槽起了自己遇到的"奇葩"对象。

她的相亲对象是同事帮她介绍的，在外企工作，条件很好。有一次，两个人出去吃饭，有一搭没一搭地聊天。在互相了解了基本情况后，说到了各自的爱好。

小伙子问她："你喜欢玩儿游戏吗？"

她说："不玩，我觉得玩游戏是世上最无聊的事情。很多游戏就是给宅男准备的，正常工作的人哪有时间玩游戏啊？而且那些对着电脑和手机瞎忙活，还动不动就傻乐或者发脾气的人，真是傻死了。"小伙子当时也没说什么，吃过饭之后就把我这个女同事的微信给删了。

听了这段话，我就知道我这个同事的问题出在哪里了。聊天的时候双方要有互动空间，不要一次把天聊死。像我这位女同事那样说话，就是堵死了对方的话头，让人怎么说都觉得尴尬。

男孩问游戏的目的，其实是想问问两个人是不是有共同爱好。他既然这样问，说明他一定喜欢游戏。你开口将游戏批得一无是处，男孩一来觉得你们没有共同爱好，二来也会担心以后要是在一起了，大概也会被管死。所以他怎么可能再跟你联系呢？那我们遇到这种情况时，应该怎么办呢？

其实，你应该感兴趣的并不是玩游戏，而是这个提问的人。因此，即便你对游戏不感冒，也可以从中了解很多问题。比如你可以反问对方："你最喜欢玩什么游戏呢？是因为情节刺激，还是画面精美呢？"从他的回答里，你就可以知道对方的兴趣点和审美情趣。当然，你还可以问："你会熬夜玩游戏吗？"从他的回答中，你可以知道对方的生活是否规律，是否有克制力等。

可以这样说：如果你有足够的耐心，可以通过这种互动了解到足够的信息，而且不会让对方觉得尴尬。同时，你积极的提问，也不会让对方长篇大论地跟你说游戏到底有多好玩儿，让你插不上话。这样一来，两个人都会享受这次聊天。如果你能让对话有来有往，双方形成良性的互动，对方就会感到很舒服，这就是情商高的表现。

四、不让对方费心去猜

如果你想积极地面对一个人或者一件事情，最简单的办法就是有话直说。如果自己说话总是云里雾里，还怪别人情商低，听不懂话里的弦外之音，会让自己和对方都很累。

最常见的例子就是朋友一起吃饭，有人说："咱们今天吃什么啊？"

一个人说："随便。"

然后有人提议："吃川菜吧，我知道一家馆子，特地道，味道好得很。"

第五章
共情式表达，从受欢迎到被需要

刚才说"随便"的人这时候就有不同意见了："哎呀，川菜太辣了，吃了容易上火。"

又有人说："那去吃日料吧。"

说"随便"的人接着说："哎呀，日料都是生的，吃了容易肚子疼。"

有人提议："去吃本帮菜好了，最近好馋油爆虾呀！"

说"随便"的人又开始嘟囔了："本帮菜呀，我昨天刚吃过了，换一个吧。"

话说到这个地步，别的朋友通常就生气了："刚才不是你说随便的吗？那你到底想吃啥啊？"

百转千回，他终于说出了自己的想法："我们去吃韩国烤肉吧。"

这时，朋友们往往都沉默了。关于想吃韩国烤肉这件事，你早提议就可以了啊，这样就不用大家这么费事了。

读者朋友们不妨回头想想，在我们的生活中，这种人是不是挺常见的？

其实，如果你心里有想法，就直说出来。让外人去猜的话，那么十有八九不会一次猜中你的心思。一来二去，别人很累，你也很烦。有事说事，是最简单高效的沟通方法。

不知道从什么时候开始，我的微信和QQ里经常收到这样一条消息："在吗？"

我觉得这就是一个典型的让人猜的问题，因为收到这样的消息之后，我第一时间就会想："他是不是有事找我？"其实，有事你就直接说，没必要问我在不在。我要是有时间，一定会马上回复；我要是不在，那当然不可能回你"我不在"。所以，真的有事，你直接留言就行，我看到会马上回复的。而且，我看到留言，是不是咱们就可以直接谈事情了。否则我还得先回复"我现在在了""我在，有事吗？"这类话。

有话直说在职场中尤为重要，因为每个人的时间都很宝贵，如果你总是不停地绕来绕去，是在浪费对方的时间。长此以往，别人就不愿意和你打交道了。

五、说符合对方身份的话

与人交流时，要留意对方的身份，说和对方身份相符的话，好让对方能够听懂。

很久以前，我在手机大卖场，目睹了一个好销售是怎么说话的。他可以在面对不同的客户时说不同的话。

碰到穿着西装的商务人士，他说的是："您看这个，办公性能强大，安全性强，方便您随时处理公务。"至于价格他通常不会特别介绍，因为这样的客户对价格不是十分敏感。

碰见一个看上去像大学生模样的客人，他说的是："你看，这款手机系统流畅，玩游戏绝对不卡，关键是性价比高，只要

第五章
共情式表达，从受欢迎到被需要

九百九十九元。"

来了一个年轻的小姑娘，他说："你看这个样子多漂亮，而且电池给力，看一天电视剧也用不了50%的电量，而且有很多好看的手机壳可以配。我还能送您两个。"

瞧瞧，这么会说话的销售要是卖不出东西，天理不容啊。

朋友小齐以前也犯过类似的错误。有一次，他到乡下采访，问一位老乡长，说："乡长，您这个乡辐射多少个村啊？"

乡长当时就愣住了，反问了一句："辐射？"

小齐马上反应过来了，这话太官方和文绉绉了，难怪对方听不懂。于是，他换了句："乡长，我就是问您管多少个村啊？"

这下对方懂了，开始滔滔不绝地说起来。于是，他们俩完成了一次轻松而愉快的交流。

所以，情商高，就要说对方能听得懂的话，说符合对方身份的话。根据谈话的对象变更用语和说话方式，这样，才能让交流更有效，更愉快。

不交浅言深、谈话时提出具体的问题、注意实现积极的互动、有话要直说、要照顾到对方的身份……注意这些细节的确可以为情商加分不少，希望读者朋友们在以后的生活和工作中都能多加注意。

◇ **共情沟通**：征服人心的艺术

打圆场是门技术活

在本章节的开头，我先来给大家分享几个有趣的小故事。

故事一： 最近我在整理一些资料，意外发现我们从小到大听到的话，甚至是一些大家耳熟能详的话明明就是矛盾的。我在此列出几对俗语："书到用时方恨少" Vs "百无一用是书生"；"一个好汉三个帮" Vs "靠人不如靠自己"；"退一步海阔天空" Vs "狭路相逢勇者胜"；"不蒸馒头争口气" Vs "小不忍则乱大谋"。

瞧瞧，哪句话对，哪句话错？看起来，针对每对俗语，我们都可以搞个辩论会了。然而，我们要进行一次盛大的争辩吗？这时候，老祖宗又出现了，他们还有一对大道理演化而成的俗语——"识时务者为俊杰""此一时，彼一时也"。这对俗语概括出来，核心思想就是"做人要懂得变通"。

故事二： 一个做新媒体的朋友，在他们公司的整体规划部署下，组织了一个新的项目组。于是，他招募了新的员工，当然，其中也有老员工。90后跟70后在一起工作时，那场景不难想象。

第五章
共情式表达，从受欢迎到被需要

有一天，我问他："工作感觉怎么样？"

他蔫成了一团："我感觉我不像是组织了一个新队伍，我明明是合成了一捆炸药，说炸就炸。一个简单的例会，他们都可能吵起来。70后太习惯自谦，明明业绩不错，却要说自己部门完成度不够高；90后普遍觉得自己特别牛，很有才华，工作绝对是超出预期，出现的都是小问题！你说，这两伙人能互相看顺眼吗？"

于是我递给他一根筷子。他蔫蔫地说："你这是让我各打五十大板？"

我说："我的意思是，你好好'和稀泥'。你可以跟90后说'后生可畏'，然后再跟70后说'姜还是老的辣'。看到没，这就是老祖宗的智慧，和稀泥都能和出文化感来。"

然后他十分愉快地笑了。

所以，如何打圆场，才能让双方都接受呢？

最简单的圆场是圆过场。

有些社交场合需要一点儿过场，走过了这点儿过场，场面就舒服多了。是的，你也可以叫它暖场。比如陌生人很多的聚会，可能大家都在捧着手机各忙各的，那场面就会显得冷清。这时该怎么办呢？不管你是不是主人，都可以做到引导式打圆场。

同学小刘现在是一名老师，前几天，我俩一起吃饭的时候，他跟我说了这么一件事：有一次，他以前带过的一个班的学生组团来看望他。刚开始,气氛还很热烈,学生们你一言我一语地夸他。有人说"老师气色真好,越来越年轻",有人说"老师声音真好听,真是听不够啊"。这样夸了一会儿,学生们的声音就变得越来越小,也越来越低,后来,就没人说话了,场面有点儿降温。

于是,小刘就说:"你们上来就给我戴高帽,是想借钱吗?"

学生们笑了起来,纷纷摇头。

小刘又说:"你们夸了我这么多,也夸夸自己嘛,让我也有资本和人吹吹牛,说说我的学生有多厉害。"

他这么一说,学生们又都打开了话匣子,汇报起自己的成绩来,很快,场面又重新热络了起来。

但是,我们要注意,我们给过场打圆场时,要掌握说话的时机。打圆场的人不需要说很多话,只要在关键的节点适时说上几句就可以了。这就要求我们要眼观六路,耳听八方,对周围人的谈话保持一定的敏感性。我们要随时观察场面的变化,如果有冷场的迹象,就要及时出来活跃气氛。

打圆场最简单的方式就是引导对方说故事,特别是说大家可能感兴趣的故事。比如还是我同学小刘面对的这个场面,如果他说出更具体的引导的话,那么效果可能会更好。这引导的话可以是"小曲,你们台那档新节目最近为啥停播了啊?""李莉,我看你朋友圈了,最近又去泰国玩了?泰国好玩吗?"

第五章
共情式表达,从受欢迎到被需要

稍难一点儿的圆场是圆冷场。

上个星期,我参加了一次大学同学聚会。

说实话,"三岁看老"这话还真没错,有的同学当年什么样,现在还是什么样。

当年那个爱多嘴的同学现在还是这样,真是让人上火。

我们一桌人正吃得兴起呢,只见这位大哥笑嘻嘻地和一位女同学说:"你当年上学的时候还追我来着,这么多年过去了,有没有很想我啊?"

我正在夹菜的手停在那,都不知道是继续夹好还是赶紧收回来好。

我心里说:"怎么能说这种话呢?你没看人家老公坐在旁边呢?今天有家属参加的啊……"

所以我这位女同学就赶紧回了一句:"就你这样的,白给我都不要,谁会追你啊?"

其实她语气也不是很凶,但用词还是挺狠的。我好不容易在盘子旦捞起来的一块肉,当场吓得又掉回去了。大家安静了大约十秒钟。这时,我看了看海涛,递给他一个眼神,海涛知道我要牺牲他了,所以默默地点了点头。

于是,我站起来边给大家倒酒边说:"行了,那时候的事谁还记得清啊?都是不懂事的小孩儿。不过,有一个人的故事咱们肯定都记得,那就是海涛。海涛那时候把咱班女生追了个遍吧?每当有女生出嫁,对他来说都是一次巨大打击。你们说,有谁没被他追过?"

听我这么一说,海涛急忙端起酒杯:"致我没追到手的所有姑娘,你们是对的!"

然后所有人都笑了,接下来就开始互相"吐槽",尴尬的局面也不复存在了。

大家都看过相声吧?如果看过,你们就知道了,表演的两个人中,总得有一个人被调侃。相声中的捧哏往往是最倒霉的。这并不是说谁欺负谁,分寸得当,是不会影响对方的形象和身份的。

如果说这是熟人之间的权宜之计,那么相对疏远的关系呢?我们来看看下一个故事。

慈禧太后热爱京剧,有一次,她在听完戏之后,就把名角杨小楼叫到了身边,要赏赐他。

慈禧太后问杨小楼:"你想要点儿什么赏赐啊?"

杨小楼想要拍马屁,就说:"太后老佛爷洪福齐天,就请太后赏小的一个'福'字吧。"

慈禧非常高兴,叫人拿来纸笔,写了一个"福"字。但是慈禧写的时候,多写了一点。这时,杨小楼不知道该不该接过来——如果他拿了,日后被别人看到太后写了错字,他的小命就没了;如果不拿,恐怕他当场就要倒霉。这时,慈禧也发现自己写错了字,场

第五章
共情式表达,从受欢迎到被需要

面有点儿尴尬。

这时候,太监李莲英上前一步:"老佛爷的福气谁也比不了,就是要多出一点啊。"

那杨小楼也不是普通人,马上接过话头:"这样天大的福气,小的怎么敢接?"

于是,慈禧太后顺势说道:"那就改天赐你些别的东西吧。"

这是多好的圆场啊。

类似的故事现在也有,大家来上海时可能会看到壮观的南浦大桥。这座大桥上的字是邓小平同志题的。但是,南浦的浦字的那一点,小平同志点在了横的下面。照例说这是一个错字啊,但是有人解释说,这是小平同志刻意为之,意思是:现在上海的改革开放比深圳慢半拍,没有走在前头。希望上海的同志们改革的胆子能再大一点儿,开放的步子能再快一点儿,取得的成就能再辉煌一点儿。

这样一看,这个解释无论是不是小平同志的意思,都解释得足够有水平!适合作为打圆场的典范。

最难圆的当然就是"战场"。

交流的双方对同一件事有不同的观点,进而发生争执,如果两人都不愿意承认自己错了,整个场面就会显得尴尬而充斥着浓重的火药味。这时候,就需要有人来圆场了,但这是最难圆的场,因为要圆的，是"战场"。

具体方法请读者朋友们注意以下三点：

1.求同存异，合理引导

两人之所以争执不休，是因为都很好胜，想和对方争个对错。这时，我们就要用更灵活的眼光来看问题，引导双方求同存异。我们要让双方明白，他们各自的观点都没有错，只是在不同的条件下表述不同。这样一来，双方就可以避免无谓的争吵。

清朝末年，两位封疆大吏张之洞和谭继洵互有芥蒂。有一次，江夏知县陈树屏在黄鹤楼上设宴款待二人。大家聊着聊着，忽然聊到了武汉境内的长江江面到底有多宽。

谭继洵说："据我所知，江面有五里二分宽。"

张之洞马上说道："我明明记得是七里二分宽。"

两人各执己见，互不相让，眼看一场宴会就要不欢而散。

这时陈树屏不急不慢地说："长江有水涨水落之分。涨水时，江面宽七里二分；落水时，则有五里二分宽。二位大人说得都没错啊。"

不得不说，这个火灭得真好。

有时候，我们也可以自己救场啊。

南唐宰相冯延巳有这样的名句："风乍起，吹皱一池春水。"

这个句子确实漂亮，因此好评如潮，传诵一时。但碰巧，南唐皇帝李璟也好填词，他看了这句词后心里不是滋味，于是便半开玩笑地问："吹皱一池春水，关爱卿何事？"

冯延巳马上回答："确实不如陛下的名句。"

李璟问："哪一句？"

冯延巳答："小楼吹彻玉笙。"

2.说明真相，公平处置

有时候，双方争论的问题非常简单，只是他们由于一时气愤，看不到事情的全部或者真相。这时，我们就可以为双方把事实摆出来，不偏倚任何一方，只谈论事件本身，而不判断对错。

我们公司在做项目预算时报价低了，所以项目利润一下就没了。于是，策划团队和制作团队开始相互指责，制作指责策划预算错误，策划说制作表述不清。我看了看策划的那个预算书，上面写的是：剪辑一万元，后面加了一个括号，也就是这样：（特效）。

制作说："我的意思是说这一万元的剪辑费用是只给特效的，普通剪辑另算。"

策划说："那你就分开写啊，你后面标括号是什么意思？"

所以，关于这件事，我也只能说："好了，这是第一次出现这个问题。你们没有当面沟通，策划没有跟业务部门确认，业务部门也没有按照标准样式提交。这有什么好争的？吵架就是第三个错误，我们的重点是解决问题。"

3.审时度势,平衡各方

生活中,我们在发生争执的时候,很难说到底是谁错了。因为双方的看法都各有依据,只是无法说服对方。所以,我们在打圆场时,就要理解双方的心理,要让他们都觉得自己是对的。也就是说,我们要给双方都点赞,以满足他们的自我实现心理。

前段时间,朋友小双的公司开了一个节目听评会,让大家将各自的节目都拿出来相互研讨一下。

但是,外请的专家老师为了对得起他拿的这份钱,就没有客气,狠狠地批评了一个著名主持人的节目。

结果这个主持人当场就跳出来说:"老师,我都这个年龄了,也就这样了,您说的这些毛病我都改不了了,不好意思啊。"

这个老师更不客气:"既然你觉得好,就这么干吧,这就是为什么你们电视台一天不如一天的原因。"

老师的一句话,把整个电视台都给装进去了。

但是,小双的领导"和稀泥"还是相当有水平的,只见他站起来说:"我们的效益是不怎么样,但是呢,我们的节目质量那肯定是在提高的,否则我们怎么会请专家来给我们提意见呢?有了这些好的意见,我们的节目肯定会更好啊,但是,调整的这个过程需要一点儿时间,还请我们大家继续努力。"

事实如此,收视率下降真的不是主持人一个人的问题,但是专

第五章
共情式表达，从受欢迎到被需要

家老师往往会更理想化一些。这位领导对双方都肯定过了，说得也都很有道理，虽然等于没说，但场面上还是过得去的。

所以说，打圆场是个技术活，特别是在"战场"上"调停"有火药味的双方时。希望读者朋友们能够在认真阅读的基础上，融会贯通我所说的打圆场的方式，并在任何场合中都能熟练运用，最终成为耀眼无比的"社交达人"！

GONG

QING

GOUTONG

ZHENG

FU

REN XIN

DE

YI SHU

第 六 章

共情沟通，
看不见的竞争力

◇ 共情沟通：征服人心的艺术

读懂刁难背后的为什么

我们活在纷扰而复杂的世界里，诸多事难如人意。形形色色的人充斥在我们周围，思想、利益、接受教育程度、素质、性格……各方面都大不相同。在这样"不同"的现实之下，所产生的冲突乃至纠纷在所难免，而高效得体地处理这些纠纷，俨然成了我们生活中所需要面对的常态。

在这里，我给读者朋友们分享我个人的一段经历：

某一天，我心血来潮，在朋友圈里发了一段文章，遣词造句激烈而隐晦，宛若一篇战斗檄文。

我为什么要做这样的事？那是因为我被我的同事刁难到斯文扫地，我必须让领导看到我的痛苦和无奈！所以，我就写了这样一篇文章，标题是：《不是广告的表扬信，不是好检讨》。

事情的经过是这样的。在我当时工作单位的大楼里，有这样一个"神秘"部门：它所在的楼层高，身份也高。每次去那里时，看着电梯屏幕上的数字不断攀升，我的肾上腺素、多巴胺、鼻涕泡就

第六章
共情沟通,看不见的竞争力

会猛烈飙升,由恐惧而产生的原罪感让我瑟瑟发抖。因为那里真不是一般人可以去的地方,那里掌管着几乎是公司最重要的资源——停车证。

当时,在我们单位供职的人比较多,所以停车场里每天都七横八竖、挤挤插插地停满了车。我下午来上班的时候常常要开车绕上N多圈,运气好的话,才能等到一个空位。实在运气不行,我就只好再往前开上好长一段路,将车停到旁边的办公楼去。有时,办公楼的保安同志看到我,微微一笑:"来啦?停地下吧!你们的同事刚刚停进去。"

听到这句话,我的心里顿时平衡了,只是要将车停到那里的话,一天得额外支出八十元人民币,时间长了,这的确是一笔不小的花费。

在这种情况下,一张合格有效的"停车证",简直是每个工作人员的"必争之物"!我自然也志忑无比地加入了"办证"的大队中。终于,在我苦等了不知多少年月时,一位老阿姨给我打电话,告诉我停车证已经办好了,赶紧过来领证。我当时那个激动啊,简直可以用一句诗来形容,那就是:初闻涕泪满衣裳!

但是,我恰好因出差不在当地。于是我礼貌地说:"哎哟,阿姨,对不起,我还在外面学习,现在肯定赶不到,最早也要下午四点多一点儿来取,可以吗?"

"那不行，我四点多肯定就下班走了。这样吧，你来了之后找别人拿。"

"好的，那我找哪位老师呢？"

"我也不知道，你自己进来问一下。"

"好的，谢谢阿姨。"

于是，等学习任务一结束，我急忙往公司赶。大门口正好有个车位，于是我就在门口跟保安大哥分享了我的停车证已经批下来这个振奋人心的好消息，请求他们先让我停一下，我上去拿到停车证就下来向他出示。保安大哥严厉地拒绝了我，说他并没有接到通知。我表示自己可以给负责办理停车证的老师打个电话，让她替我做个证，结果保安大哥还是拒绝了我。我当时心里头不太高兴，因为这位保安大哥同我还有点儿熟，平时偶尔也会聊聊天什么的，但我又转念一想，保安大哥坚守规矩，似乎也并没有错，反倒是我缺少现代公民意识。

于是，我立刻将车停到了很远处的办公楼下，然后跑步回来领证。到了领证地点，我敲敲门，忐忑地问我拿停车证时应该找谁，听人说是黄师傅，然后我就去找黄师傅，结果他不在。我赶紧询问他的联系方式，没人给我，我只好坐立不安地等了一会儿。好不容易等到他回来了，我赶忙热情地迎接上去，不料黄师傅见到我的第一句话就是："听说，你早上还让实习生来帮你取啊？"

第六章
共情沟通,看不见的竞争力

我说:"我早上还在外地学习,怕来不及赶回来,就先让他先帮我拿一下。没想到咱们这里的规矩这么严格,必须本人来领,是我冒昧了。"

黄师傅严肃地回答:"这么重要的东西怎么能代领呢?这点儿规矩不知道?"

我点头称是。黄师傅拿出停车证,郑重地递给我。我道了谢,接了证刚想走,他却把我叫住:"哎,你先别走,把停车协议给我背一遍!"

我一脸蒙,心里头觉得这黄师傅是不是疯了,这停车协议洋洋洒洒八九百字呢!谁有事没事背诵那个?

于是我解释:"那个,黄师傅,我得回去工作了,有个会挺急的,还等着我去主持呢。关于停车协议,我回去一定好好学习。"

但黄师傅对我不好好学习停车协议的态度十分不满:"背不出?呵呵,领证倒挺积极的!"

接下来,他把证翻过来放到我手里:"读一遍停车须知我听听!"

这话说出口后,我们所在的楼层静得连一根针掉在地上的声音都能听出。我发誓:我读停车须知的声音一点儿也不突兀,我的声音和表情一点儿也不尴尬,我的内心一点儿也不耻辱,真的!

在我平静无比地读完停车须知之后,黄师傅还热情地用手点着我嘱咐："记住，这个证是不补的！你护照丢了可以补，这个不能补，知道吗？"

多么严谨认真啊，我必须热情洋溢地赞扬黄师傅。他掌管这些比护照还重要的证件，该是如何殚精竭虑啊！为了管理好我们这些所谓的员工，是多么费尽心思啊！

这世界是一个多么神奇的地方啊！十几年的工作经历告诉我，一线工作的小伙伴们可以"尼姑思凡"，各级领导们常常"菩萨低眉"，只有掌管了如此重要资源的人才有资格"金刚怒目"！

在职场中，我们都想做一名安静的员工，也希望和同事的关系能够和风细雨。只可惜，现实是残酷的，被同事刁难似乎在哪都避不开。但是对这样的人，真的没办法吗？

其实，没有人是你天生的敌人。任何事情的发生，都是有原因的。我们要记住一点：敌意既不会凭空出现，也不会凭空消失。我们所要做的是：找到背后的原因，然后巧妙地化解。

而应该如何处理这样的事呢？我来给大家支上几招。

一、主动示好

如果有同事对你有了敌意，最简单的办法是主动示好。

说句残酷的话：成人世界的道理是利益考量。我们没有必要把同事的一次刁难当成战争的开始，好的方法是在萌芽中消灭战争。

当然，我所说的这种示好不是曲意逢迎，而是在你们有机会单

第六章
共情沟通，看不见的竞争力

独相处的时候，选择用平静的语气和口吻询问："请问我哪里做错了，让你感觉不舒服吗？如果有的话，请告诉我。"

对方通常会拒绝告诉你原因，拒人千里之外地说："哪有的事？"

这时，你可能会感觉无处下手，但是不要灰心，你还是有应对的手段的。你可以顺着他的话往下说："听你亲口说没事，真是太好了。那我们以后多多交流，请问你下班之后有时间吗？我听说附近开了一家火锅店很不错，一起去试试？"

这就叫作以退为进，让对方表态。如果他真的像自己所说的那样，和你毫无龃龉，那么自然会接受你的好意。如果这时他还是表现得非常冷漠甚至有敌意，那么就说明他心里仍然有芥蒂。你可以继续用低姿态来询问，找到背后的原因。你甚至还可以侧面询问一下，对方有什么兴趣和爱好，如果你们刚好有共同的兴趣，那么你们就会有很多共同语言，你可以借此来消除隔阂。

你的低姿态换来的可能是误会很快消解。但是，还有些时候，误会没那么快消除，但你应该在交谈中会知道同事对你的敌意来自哪里，知道后，就要有针对性地解决。

比如你和某个同事过去在同一个部门工作，并且工作能力和资历都很接近。部门里有一个升迁的机会，你们都为此付出了努力，但是，你在比拼的过程中表现得更加优秀，因此上司把升迁的资格给了你。那个同事因此耿耿于怀，认为是你坏了他的好事。

如今，时过境迁，他也得到了升职，去了其他部门。但他仍然对你怀有敌意。职场风云变幻，你不想总是有一个敌人在暗地里瞄着你，所以就要为未来做准备，把可能的危险消除在萌芽状态。

这时，你就要注意方式方法，如果你过分主动和低姿态地示好，会让对方认为你心中有愧，并且因此对你更加敌视。你应该寻找一个合适的机会，恰到好处地和对方接触。

比如你可以去人事部门查询一下对方的生日，然后和其他同事一起为他准备一个生日的惊喜。在此期间，要做好保密工作，等到他生日的时候，再和其他同事一起给他送上祝福。可能当时他会以为是众人的好意，但是稍加打听就会知道是你在背后组织，自然会对你心生好感。

可能你会觉得，对那些对自己有敌意，乐于刁难自己的同事，我们不是应该尽量保持距离，避免受到伤害吗？为什么还要主动送上门去呢？

关于这个问题，有以下几点解释：

首先，俗话说得好：这世上没有无缘无故的爱，也没有无缘无故的恨。绝大多数敌意都是有原因的。那么事过境迁之后，如果你能主动把这一页历史揭过去，对方通常也能做出积极的回应。

其次，你示好之后，对方不见得会马上就和你特别热络，一般说来，他仍然会有些成见。但是，只要你们的关系有所缓和，不对

第六章
共情沟通，看不见的竞争力

工作造成影响，就足够了。我们在职场里，要做一个专业的员工，而专业的员工要求的是专业的能力和专业的工作关系。你和同事之间的工作关系融洽，能让双方都及时高效地完成任务。对方如果是个聪明人，自然会领悟到这层意思。

最后，人都是有趋利避害的心理的。对方的敌意和刁难，看似进攻，实际上也是防御。他认为自己对你有意见，那么你一定对他也有意见，也会想办法伤害他。所以他就主动出击，把进攻当成防御。如果你主动表示，你没有针对他的意思，那么他之前所做的一切就都是无用功了。每天绷紧神经，其实是很累的。你能让他放松下来，他也会感激你。

但是，我们的主动示好，并不意味着毫无底线和原则。退一万步讲，如果你的主动示好没有作用，你也要让对方知道，你不是一个好欺负的人，他人刻意的刁难迟早会以付出巨大的代价告终。

二、避开敌意

有句老话说得好：惹不起，躲得起。

像我之前所说，绝大部分敌意都是有原因的，但是我们也不能否认，这世上还有些人，专门以刁难他人为乐。这样的人是不值得你想办法消除分歧或者主动示好的。如果你去示好了，对方反而会变本加厉。这时，就需要用一颗包容的心来对待对方，不主动招惹，也不被动接招，而是要减少两军对垒的机会。

如果对方不主动招惹你,你就要减少和对方的接触。如果对方对你表现出了敌意和刁难,而你没有受到特别严重的伤害,那么最好是宽容一些。就像那句老话说的那样:"把他当个风筝给放了吧。"

因为即便你有道理,但对方可不是会老老实实和你讲道理的人,他会不择手段,甚至用各种低级下作的办法来对付你,这样对你造成的伤害可能会更严重。得理且饶人,摆出高姿态,并不是姑息纵容,而是一种保护自己的方式。

三、俾众周知

我在本文开头,用较大篇幅描述了黄师傅,但其实他并不是只刁难我一个人,他和我没有纠纷,对我也没有太大的敌意,他的性格就是这样,人人都知道,于是人人都不想跟他多打交道。他把自己关进生活的牢笼,也将自己跟别人的关系冰冷地分割开来。

但是,在我们的生活中,大部分人所面对的刁难既不是我遇到的这种,也不是因为误会或者偏见。对方往往就是有着一种莫名的敌对或者天然的恶劣。他要么在冥冥之中觉得你是他最大的威胁,要么觉得你不是一个好人,他要来维护正义!针对这种人,我们只能将他的所作所为公之于众。

公之于众有下列几种方法:

让领导知道。在采用这种方法时,你要有根据地表明你所说到的刁难,然后简短提出建议。比如你可以这样跟领导说:"领导,这

第六章
共情沟通，看不见的竞争力

个报表的原始数据我核查了三次，都没问题。

"我跟小刘的电子邮件往来记录也都打印给您了。所以给到客户手里的版本是小刘提交的，他不仅比预定时间晚了一天，而且还改错了我的几个数据。不过请您放心，这件事我已经及时跟客户沟通过了，我承认了我的错误，因为我不能让客户看到我们之间的矛盾和问题。

"但是领导，这不是第一次了，这次的事情我能解决，但是如果再发生这样的事情，可能会造成巨大的损失。我和小刘由于工作流程不畅，给公司带来损害，这是我没法接受的，您看是不是能就这个问题讨论一下。"

这个时候，谁识大体、顾大局一清二楚。如果小刘不是领导亲戚，你觉得领导会喜欢谁？以后会更倾向谁？

让其他同事知道。在合理的情况下，你应该让其他同事知道你所受到的不公。但是，你要表现出来的是大度和风范。这件事，如果你忍了，会让人觉得你弱，扶不起。

但是，如果你太强硬，跟对方对着干，也只会落得个"狗咬狗一嘴毛"的评价。你让大家知道的目的有两个，一是展示自己的风范和大度，在大家心中树立一个好印象：你是谦和大气的，而对方是咄咄逼人、无故欺压的；另一方面，就是要向对方施加一点儿舆论压力，让他知道，他这样的行径只会让大家讨厌，最后变成孤家寡人。

让合适的第三方知道。关于这一点，无须我再多说，相信大家都能领会我的意思。当然，我们也许能找到比我这点所说的，更加合适的调节方式，不至于让事情继续恶化。

总之，碰到刁难是一件不开心的事情，也不能仅靠说话来解决，这是一个综合情商的问题。

所以归纳起来，这一部分的核心思想就是：

首先，冤家宜解不宜结。如果你感觉自己所做的工作容易和人产生冲突，就要先想办法规避风险。即便没有万全之策，也要做到心中有数。

其次，要控制冲突发展的程度，尽量大事化小，小事化了，不要把情绪带到下一步工作中。即便你们私下里仍然有冲突，但是要把工作摆在第一位。

最后，我们要想办法和大多数同事保持融洽的关系，尽量不要因为一个人而广泛树敌。

第六章
共情沟通，看不见的竞争力

三步法，让麻烦的客户成为自己人

去年，我办了一家酒店的会员卡。

时间过得真快，我上一年度的会员卡到这月底就过期了。其中一张午餐券我想在到期前用掉，于是就打电话给该酒店的餐饮部门预订座位。结果接电话的客服同志告诉我说，本月已经订满了。

我有点儿吃惊："那我这张券就作废了吗？你们的座位本月订满，这可不是我的问题啊。而且当时我办卡的时候，你们可不是这么跟我说的。"

客服说："啊，那这样，我去问问我的领导，我一会打给您。"

结果我等了三天，对方仍然没有回电。于是，我直接打了投诉电话。结果投诉部门在听我说完情况之后，隔了两分钟就给我回电了，他说："因为我们酒店的午餐的确非常受欢迎，所以很多客户都提前预订。但是，因为您的券马上就要到期了，我们绝不能让您有损失。您看如果您不是很急的话，这张券我们给您延期使用可以吗？刚才我查询了一下时间，给您安排在7月初可以吗？十分抱歉给

◇ 共情沟通：征服人心的艺术

您带来了不便！"

他都这样说了，我还能说不可以吗？他这话说得有理有据，既夸了自己酒店的好，又表明了他们会为我着想，最后还表示了歉意，可以说是天衣无缝了。

但是，这么一件小事，难道一定要打投诉电话才能得到如此迅速的解决吗？这段话又不难，可以写进工作手册里去。如果之前的客服对我讲这番话，我根本就不会打投诉电话。

这时，我又想起了2011年发生的"罗永浩怒砸西门子冰箱"一事，起因就是罗永浩以及他的朋友们所购买的西门子冰箱都有冰箱门关不严的问题。按照正常逻辑来讲，其实这件事处理起来非常简单：承认问题，设法改进，诚恳道歉。

但是，西门子或许认为自己没有问题，又或许认为国际大牌不能轻易低头，于是始终态度暧昧，坚决不肯承认错误。最终，罗永浩在西门子总部门口砸烂了三台冰箱，闹得人尽皆知。西门子虽然还是道歉了，但留给了消费者一个非常傲慢的印象，它的品牌形象也受到了很大的损害。这就是客户服务中典型的反面案例。

我相信，绝大多数客户对于产品的批评乃至投诉，都不是为了找麻烦或者碰瓷。他们只是作为一个普通的消费者来维护自己的权利。客户遇到问题，本身就带着一定的情绪。如果商家不能在第一时间安抚好客户，就容易让客户的情绪进一步发酵，最终导致矛盾

第六章
共情沟通,看不见的竞争力

激化,冲突升级,乃至不可收拾。

尤其是在社交网络和自媒体如此发达的今天,一条微博就足以酿成一场舆论风暴。但很多知名品牌都没有认清这个现实,以至于在问题爆发时它们还不知道自己错在了哪里。

因此,我们要对投诉形成正确的认识,了解投诉的原因,合理有效地应对投诉。所以,在这一章节,我们就来看一看,遇到客户投诉时,该怎样有效地安抚他们。

一、通过积极倾听了解客户的投诉心理,做好事前准备

这世上,如果有什么值得我说三遍,那就是倾听、倾听、倾听!

首先,我们要倾听客户的话,不要急于解释。我们要耐心地听客户把遇到的问题、自己的意见和希望得到的反馈全都说完,再分别加以回复。如果我们是和客户面对面谈话,那在交流过程中,要和客户有眼神交流,让客户知道我们正在认真地听他说话。同时,注意不要打断客户,即使客户在讲话的过程中有停顿,比如回忆细节等,也不要插话。

等客户说完之后,你要记住,最重要的一点是不要去评价客户的意见。不要说"有一点您说的不对"或者"其中您的使用方法有问题"之类的话,我们要站在客户的角度去理解他。即便客户的使用方法真的有问题,你也应该先从产品本身找原因。例如说明书是否不够细致,注意事项是否不够醒目等。

如果你的领导觉得你说"说明书不够细致"之类的语言容易被客户抓住把柄，不能轻易承认错误，那你就可以这样说："谢谢您的提醒，我们以后会更好地改进我们的说明书，尽量不给您带来麻烦。"

这样，你没有说自己的说明书有错误，而是说有提升的空间！事实上，这世上有提升空间的东西太多了！

此外，你不要在客户提出问题之后马上回答，而是要稍微停顿一下。这既给自己留出了思考时间，也会让客户感觉到你的用心。在回答之前，你要先简略地把客户的问题复述一遍，请客户确认，你要充分表明自己清楚理解了客户刚才所描述的问题。在做完这些准备工作之后，你再针对问题进行回答，往往能够给客户更好的体验。

二、针对客户的诉求进行沟通

客户的投诉可以被分为三个主要类型：

1.对产品本身进行投诉。比如说产品的功能不符合要求，质量存在瑕疵等。

2.对服务进行投诉。比如说商品的售前解释说明不足，售后服务态度不够热情，客服人员不具备专业知识，无法回答客户提出的问题，敷衍推脱，和客户打太极等。

3.对广告宣传进行投诉。比如说商品的功能被过分夸大，实际

第六章
共情沟通，看不见的竞争力

物品和广告宣传中的不符，因虚假宣传导致客户的人身财产受到了损害等。

尽管客户投诉的原因不同，但是，客户的最终诉求其实只有两种。一是利益诉求，如果客户遭受了损失，就会想得到一定的利益补偿；二是情感诉求，如果客户的情感受到了损害，就想通过安抚让自己恢复平静，得到情感补偿。但是两者相比，情感上的安抚显然更加重要。

我们甚至可以这样说：如果你能在情感上让客户满意，那么很多客户甚至会放弃利益诉求。因此，我们要考虑客户的感受，尽量做到和客户感同身受，和客户进行真诚的沟通，深入内心的交流。

那么，如何有效地解决客户的情感诉求呢，我们得注意这么几点：

1.引导客户合理发泄

如果客户的情绪非常激动，甚至有些气急败坏，那么我们一定要暂避锋芒，先让客户把心中郁积的情绪先发泄出来。你应该明白，客户即便对着你发怒，其实也不是针对你个人的，所以务必不要把矛头引向自己。如果这时候你上前接招，那么他的怒火就都会倾泻在你身上。

所以，我们要保持冷静，认真倾听客户的问题，然后给予适当的回应："我理解您的感受，我非常愿意帮您。"

当你的态度足够真诚时,绝大多数客户发泄一下情绪之后就会恢复平静,而不是一味地刁难你。特别是客户的第二种投诉,之前的服务不满意,你只要及时反馈,照顾对方的情绪,那么对方自然会有比较,很快就会放下怒气。生气是个很累的活儿,没人愿意一直当火炮!

2.要对客户的情感点真诚回应

你可能无法满足客户的全部要求,也可能并不认同对方的所有主张,但你仍然要对客户投入感情。因为这代表你支持客户表达自己的主张,是站在客户的角度考虑问题的。

你可以用一些语言来表达你对客户的支持。例如:"我特别理解您的心情,也知道您为什么发脾气,不过您别生气,身体要紧。""真是给您添麻烦了,还让您为这件事专门跑一趟。是我们让您失望了,我马上帮您想办法。"表达歉意的时候,你要让客户感受到你的真诚,而不是敷衍。

除了道歉,你还应该表示感谢。你可以这样说:"真是谢谢您给我们提出了这么宝贵的意见。"虽然这些话也不过是套话,但是,如果你回应得及时合理,就能产生很好的救火作用。

3.尽快找到解决方法

安抚完客户情绪后,你们就可以谈实际问题了。这时候,你要在你的专业知识和职权范围内,尽快找到问题的原因,并告知客户解决问题的方法。如果以你的能力无法解决,就要及时上报,然后告知客户继续申诉的渠道,大概多久会收到反馈,以及相关的联系方式。你要让客户明白,你在尽力解决问题,而不是在否认问题、推脱责任。

三、怎样对客户说"不"

有些时候,客户提出的要求是我们无法满足的,这时候就必须对客户说"不"了。当然,每个人都不喜欢被拒绝,更何况是原本就很生气的客户。因此,要想说不,我们话语的技术就更需要到位了。

比如客户说:"你要用这个产品给我实现这个功能。"

但是,你的产品确实不具备这种功能。这时候,你就应该说:"我们的产品都是系列化的,已经能够满足绝大多数顾客的需求。您的这个要求很合理,但是也很特殊,产品的生产线暂时还没有办法做到这么灵活机动、随意组合。不过,如果您不介意的话,我可以给您介绍一下这款产品,它具备更多的功能,其中的××设计就能够基本满足您的这个需要。而且我们最近正在搞活动,和您想要的那款产品只相差一百多元。据我所知,您之前的机器还在退换期内,如果可以的话,我们可以给您安排调换。您是否考虑一下?"

这时候,请注意,还有一点很关键:做不到的事情,一定不要轻易答应。你不要为了安抚客户情绪而不假思索地把客户的要求全部应承下来。如果等到具体操作的时候才知道你的承诺根本没有可行性，那等到你再和客户说"办不到"，反而会让客户更加愤怒。

遇到通情达理的也就罢了，万一遇到难缠的客户，该怎么办呢？

在面对这些客户的时候，我们除了做好本职工作，尽力帮助客户解决问题，还要注意保护好自己，比如遇到那些投诉成瘾的客户。

有这样一些客户，他们无论购买什么商品或者服务，都会找到各种新奇的角度来投诉。因此，我们在接待客户时，要注意甄别是否遇到了职业投诉者。这样的客户有一个鲜明的特点，那就是只有他说的是对的，不接受任何反驳和解释。即便他自己错了，他也会找到理由证明这个错误并非是自己造成的。如果遇到这样的人，我们可以采用一些小技巧。

首先，我们还是要认真地倾听他的申诉和抱怨。当然，这些申诉不见得都是无理取闹，或许真的有一些合理之处。然后，你就可以先找出这些合理部分，并向对方复述，代表你认真听了。

接下来，你应该用事实说明，对方有哪些不合理之处。这时候，你一定要摆事实、列数据，而不是空泛地说"你说的不对"。这里要注意的是，不要为了安抚对方就轻易道歉。对普通客户来说，道歉确实让人消气。但是对投诉成瘾的客户道歉，会让他们更加理直气壮地认为是你有问题，你是因为心虚才道歉，从而变本加厉地苛责你。

第六章
共情沟通，看不见的竞争力

最后，你要给出一个解决办法。如果对方不认可，你们也不要直接起冲突。你可以和对方和颜悦色地说："您看，我已经用了最长的时间和最大的努力来给您解决问题，提供了我们职权范围内对您利益的最大支持，所以，我建议您不要急着否定我们的方案，要不您再考虑考虑？然后我们再共同商定，谢谢您的理解和支持。"

最近，我看了一部古装电视剧：当发现皇后的病治不好时，皇帝大喊："把太医给朕叫来，朕要好好地责罚他们。"

天哪，原来皇帝才是最大的医闹！现在的很多人，没有皇帝的命，却得了皇帝的脾气，投起诉来毫不留情，真感觉自己是皇上了。但是，只要我们有金刚钻，就不怕这些瓷器活。记住我上面讲过的这些方法，相信您也可以无比轻松地应对可能发生的客户投诉。

◇ 共情沟通：征服人心的艺术

用领导的想法说服领导

我最近被助理炒了鱿鱼，因此陷入了精神苦闷。

具体是这样的：

公司需要注册一个子公司，我安排助理前去帮忙。本着提高工作效率的想法，我特意安排了一个朋友帮忙跟进。结果我这个助理竟然威胁人家，说："这么久了还没消息，你以后还要不要跟我们大飞老师合作了？"

我的这位朋友直接给我打电话投诉，我听了后真的非常震惊，于是就找助理说了这个事，结果他跳着脚跟我讲："我是学管理的，你不是。你之前的管理方式本来就不对，你知道我跟着你受了多少委屈吗？"

我说："我知道你受委屈了，但我现在不是跟你讨论委屈的事情。"

他说："可是你作为领导，你需要知道我们的状态啊，否则你怎么能让我们跟着你做事呢？"

第六章
共情沟通,看不见的竞争力

我说:"你也知道我是领导,那你也应该知道领导不需要知道过程,我只要结果。"

他说:"那你要的结果现在有了,我辞职!"

然后他转身潇洒离去,留下我呆呆地站在原地,并且不知道自己做错了什么。

当然了,因为职业和身份的原因,很多时候,我也是以职员的身份存在的。我也有领导,还有很奇葩的领导,也常常会面临一些和领导意见分歧的情况。工作中,这种情况在所难免,所以,如何处理这种分歧,说服领导接受你的想法,并从内心认可你,就是我们今天所要解决的问题(当然,我前助理的解决方式是不可取的)。那么,我们该怎样说服领导接受我们的想法呢?

一、心态上要与对方统一战线

美国著名心理学家哈斯说过这样一句话:"酒类专家会告诉你,某种啤酒更好,但是你未必会听他的意见。但是,如果你的朋友向你推荐一种啤酒,哪怕他根本不是专家,你也会听他的话,买这种啤酒尝尝。"

也就是说,其实我们都愿意倾听"自己人"的意见。所以,如果你想让领导真心接受你的看法,就要先成为领导的"自己人"。

有人可能会说:"这不是搞小帮派吗?是要猛拍领导的马屁吗?"

当然不是。所谓的自己人,就是思路一致、步调一致。因此,要成为领导的自己人,就要和领导达成统一战线。你要学会换位思考,从领导的角度想问题。或者说,要有全局观。你要考虑领导做决定时都受到哪些条件的影响,要解决哪些问题。只有明白了这些,你才能想领导之所想。

举个例子,你的领导想要布置一项新任务,原本打算将这项任务交给你们部门。但是,你作为一线的执行人员,明白这项工作单靠一个部门是无法完成的,还需要其他部门的配合。因此,你想建议领导叫上其他部门一起开会,还要划分好各自的职责,以便日后能更好地配合。

可是,如果你贸然地提建议,会显得领导很不专业。所以你该怎样表达自己的意见呢?换位思考一下,领导关心什么呢?当然是自己部门的业绩啊,那么你就可以从这个角度入手:"领导,这项工作如果只有咱们自己来做,虽然肯定能按时完成,但是效果可能不会最好,有些细节问题我们部门不够熟悉,效果不好的话,咱们可能还会落埋怨。但如果叫上其他部门一起打个配合,不单时间上有保证,落地效果也会更好。"

这样一来,领导就会仔细考虑你的建议,并且多半会同意。

二、方法上要以退为进

第一,记住,领导是对的!

顾客永远是对的,领导也是!不接受反驳!

第六章
共情沟通,看不见的竞争力

所以,如果你想给领导提意见,麻烦你先肯定领导。你绝对不能直接和领导说:"不行,你这样做是不对的。"即使你的语气再软化也不行,因为你这个逻辑就行不通。领导毕竟是领导,不管你想提出的建议多么高明,计划做得多么周全,都要先让领导同意才行。你想想,作为下属,领导强迫你做些什么事,你尚且心怀不满,甚至罢工抗议,那么,领导作为身份和地位更高的人,肯定是无法被你强迫的。

因此,最好不要和领导说"不",而是要说"您说得对,但是……"你可以先用上面的说法来做一个缓冲,要先表达服从。如果你想要改变领导的看法,就要说:"你说的对,我们一定会坚决贯彻下去,但是我刚刚算了一下,这样做的话,成本会上升10%左右,那产品就没有利润了。一旦市场反应不好,还可能会赔本。"这样一来,领导就会暂时搁置想法,重新思考对策,这时,你就可以适时提出自己的建议。即便领导没有马上接受你的建议,你也已经让领导知道你非常努力地想为他分忧,工作态度非常积极。

如果你担心自己的建议被拒绝,还可以采用曲线救国的方式——提出问题。你可以通过问问题,让领导重新梳理一下自己的想法,从中发现不足;或者通过提问,了解领导的深层想法,而不是自以为是地觉得领导是错的。在明白了领导的真实意图之后,就可以更有针对性地提出意见。

比如还是在上述"成本上升"的场景中,你可以把你的想法拆分成几个小问题,然后向领导提问:"您说得对,但是这样一来,成本会不会上升呢?""如果成本上升的话,产品的利润方面会不会压力更大啊?""一旦市场反应不好,我们是不是得先做一个风险预案啊?""您的大方向肯定是对的,您看我们是马上试运行起来,还是先给这个方案做一个调查报告,给您再做一下参考?"

这样,你没有一句话是反对的,而且还显得非常虚心好学;你没有一句话是否定的,而且还提出了解决方法。即便你不能阻止领导作死的脚步,但起码可以缓解他作死的速度。

第二,记住,别着急反对!

当你在工作中,认为领导的想法或者指令有问题时,尽量不要在第一时间指出,而是要先后退一步。这样既能留足时间,让你仔细思考一下领导的想法是否正确,还能给领导"留面子"。

朋友小威最近就经常和我说,他的直属领导是业内出了名的暴脾气,而且是个工作狂,总是有层出不穷的新点子待下属实施,最绝的是他的这些点子有时是相互矛盾的。所以,作为下属的小威就要既满足领导的要求,同时还要巧妙指出领导意见的不合理之处。

所以,他在千锤百炼之中"锻炼"出了一套应对领导的经验。那就是:千万不要和领导发生任何形式的争论。因为当领导发布指令时,往往正处于"我想到了一个新点子"的兴奋状态,如果在这

第六章
共情沟通，看不见的竞争力

时候被人兜头泼一盆冷水，肯定会"原地爆炸"。所以他的办法是，先答应下来，然后等上一会儿再表达自己的意见。这样，可以证明自己思考过了，甚至尝试过了，所以再开口提出意见的时候就更有说服力。

第三，记住，别陷入自我！

我们在给领导提意见的时候，还要有这样一个明确的认识：你和领导的观点不一致，不代表领导的想法一定是错误的，只是你们思考问题的角度不同罢了。所以，你得学会自己分析，领导不接受你的意见是因为不知道、没弄懂还是听不进你的话。

如果情况是领导"不知道"，那就是你自己的原因了，你需要用最简洁合理的方式跟领导解释。这时候，你要尽量用最精确的语言和最精炼的措辞，在最短的时间里迅速表达完自己的意思——可有可无的分析过程要尽量省略，直接切中要害。

举个例子，比如你在向老板说明一个新的投资方向。这时候，老板在乎的往往不是应该在哪里投资，中间是否会遇到困难，他最想知道的是多长时间才能收回自己的投资，这个项目是否可以盈利。所以，要想说服领导接受你的项目，你就要在这几个方面下功夫，而不是事无巨细地分析。

如果情况是领导"没弄懂"，那也是你的原因。如果你想说服领导，那么空口说白话是不行的，你最好用事实说话。

朋友小威跟我说过这么一个故事：有一家地方性的公司经营得不错，所以想在其他地区开设分公司。老板想一次性投入一大笔资金。但公司的两个副总都认为这样做不妥，于是分别提了建议。A副总说："老板啊，你可不能这么冒失啊。一下子把钱投进去，总公司的资金链就会很紧张。如果分公司开局没有预想中那么顺利，恐怕会带来很大的损失。请你一定要三思。"虽然这位副总说得言辞恳切，但是十分情绪化，也没有让人听懂为什么不能投资，所以老板没有理会。

过了两天，B副总找到了老板，他是这么说的："老板，我这两天做了详细的市场调查。我们预备开设分公司的这几个备选地区，经济发展水平都比较一般，购买力也不强。根据总公司的财务报告，我们现在的资金回笼的账期在十个月左右。预计分公司的账期会增加至少一倍，也就是说，我们投入的资金要两年左右才能收回。

"同时，我们的分公司还需要一笔数额不小的启动资金，经过综合分析，我们要保持每年10%以上的销量增长，才能在三年内实现资金由负转正。如果使用公司的自有资金，现金流会有很大的压力。如果三年内分公司还没有起色，总公司可能也会被连累。"他这样说话，有理有据，娓娓道来。听了这样详尽的分析，老板便重新考虑了投资方案，引入了几个战略投资者，将自己的风险稀释了很多。

如果情况是老板"听不进"，那更是你的问题。

第六章
共情沟通，看不见的竞争力

比如你永远是先提出各种消极的可能。每当领导提出了一个新的项目，你虽然也考虑了，但你永远在说："可是，我们的资金一旦回笼不及时，那就完蛋了。""可我们人手一直不够，这项任务很难完成啊。""这个行业已经有了一些很成功的case（事例）了，我们现在抢市场会不会很被动？"

你想到的不好的可能也许并不是错的，但是久而久之，你就成了领导眼里的反对者和坏消息，他一看到你就烦，就算你说得对他都不想听。所以，你不能指望着领导一定能理性地接受你的建议，还是应该投其所好、适当修饰。

如果你的领导是一个细节狂，你就必须告诉他这个市场的饱和程度很高，你会给他一个详细的分析报表，这样，即使计划依然实施，你也能有一个技术指标参考；

如果你的领导是一个自大狂，你就得说："咱们的对手公司主动放弃了这块肥肉，我担心他们可能有诈，咱们绝不能让他们看笑话，咱们也得再稳稳。"

如果你的领导是个迷信狂，你可能就得说："最近这个时间段不是黄道吉日，您看跟我们类似的几个项目都夭折了，所以我想，咱们也得再等一下。"

当然，我的话和具体用词不一定准确，但诸如此类的说法，对领导的作用一定是准确的。

此外，向领导表达意见还有很多小tips（提示）需要大家注意。比如要说服领导，要选择好时间。

像早上刚刚上班时，领导要处理很多业务，下达很多指令，而且有很多领导迷信"开门红"的说法。如果你一大早就去找领导提意见，肯定要触霉头。到了晚上快下班的时候，领导经过一天的工作，往往很疲惫，有时还要准备晚上的应酬，所以也不适合向他们提建议。总之，如果领导的心情不好，那么提建议的人心情会更不好。

所以，什么时间提建议比较合适呢？如果是工作日，那么上午十点到十一点之间，就是个比较合理的时间段。因为这时候领导往往已经处理完了紧急邮件，工作也都分配下去了，他们正进入工作的兴奋状态，大脑思维也很活跃。所以，当你提出一个观点时，领导也会积极地思考，做出明智的判断。同样，在下午刚上班的头一个小时里，领导经过了中午的休息，正是头脑清明的时候，也容易听进合理的建议。

除此之外，还有一个时间点可以把握，那就是娱乐时间。有人可能会说："娱乐时间嘛，领导也想放松一下，你这时提意见，不是给领导添堵吗？"

我们当然要讲求方式方法。在娱乐时，我们要先让领导尽情地放松。你可以尽自己的努力让领导开心，然后趁着领导心情正好的时候，提出自己的意见，并且不要马上得到结果。你可以和领导说：

第六章
共情沟通，看不见的竞争力

"您不忙的时候再考虑考虑，我等您的消息。"这之后，你再挑时间跟进也就顺理成章了。

再比如你得给领导一定的点睛权利。当你的意见已经很成熟时，一定要记得让领导修正一下，哪怕他只是改动了一个数字。但你这么一操作，他就有了参与感，然后你给他好消息和让他出让一部分成果就会很顺畅。他不觉得你是在故意拍马屁，你多少也不至于太尴尬。而领导一旦觉得原来你思路跟他这么靠近，他跟你这么合拍，你以后展开其他工作就会更容易，更顺理成章。所以，大家千万不要计较一个小小项目的得失，得人心者得天下，只有得到领导的心，你才能平步青云。

最后，在表达不同意见时，态度一定要真诚，同时一定要充满自信，更要揣摩领导的心思。如果你不卑不亢地摆事实、讲道理，领导就会认真地思考你的意见。如果你一边说一边擦汗，还时不时地用眼角的余光瞥领导，随时做好察言观色的准备，那么领导心里就会犯嘀咕："你连自己都不相信，还想来说服我？"

说到底，你表达意见时，要学会像领导一样思考，并用自信的魅力征服领导，让领导相信你，最终认可和接受你。

◇ **共情沟通：征服人心的艺术**

好上司的必修课：别让下属带着情绪工作

时代发展得过于迅速。曾几何时，80后的标签被贴得满世界都是，记得那时候，他们被称作"垮掉的一代"。而当我们还沉浸在这样的世界里时，90后已在各行各业崭露头角并逐渐成为中坚力量，他们也给自己贴上了"中年危机"的标签，俨然一副老气横秋的架势。

至此，我们始知白驹过隙，日月如梭，时光短暂，去日无多。而如雨后春笋般蓬勃发展的年轻一代思维极度活跃，他们的人生，似乎面临着比我们当年多很多的选择。

前段时间，我的前助理吴锐发消息跟我讲，说他现在当了主播，一个月可以拿到八万。说实话，我听到这个消息时是很吃惊的，因为他当年在我们公司工作时，公司给他的报酬，才不过五千左右。公司最近为我新招的助理性格和善，只要我帮他取快递，他就可以很认真地工作，这点让我很欣慰。

前几天，我一个在做IP（知识产权）孵化的朋友同我说了这么

第六章
共情沟通，看不见的竞争力

一件事：有一天，他们部门开会，所有的员工都在规规矩矩地等待，但新招进来的一个后期人员竟然迟到了！这时候，我朋友作为领导，已经说完了开场白，这个90后后期人员才大摇大摆地走进来。我的朋友不好发火，只是淡淡说了一声："××，你迟到了。"本以为她会很羞愧、很谦虚地认错，但没想到，这孩子竟然当众跟他撒了一个娇："哎呀，人家今天早上没叫到车嘛！"

我的朋友当时就愣住了！不知道如何回应。以至于他将这件事讲给我听时，都有点儿"意难平"的味道。

好朋友小威不久前也来跟我吐槽，说他有个很得力的下属最近因为奶奶查出来了肺癌，家里事情又多，所以情绪不太好，总是唉声叹气。这也就罢了，毕竟人家家里出了事，但没想到公司整个团队都有点儿受他的情绪感染，做事情拖拖拉拉的。他本想提点一下这个下属，可又觉得人家也是情有可原，不好意思开口；但不提点他吧，办公室的"气压"实在是太低了！长此以往，必将影响工作效率。

我们这个世界上，有预报天气的，有猜测股票的，但是没有人能估摸清楚人的情绪。所以，有时候，管理下属最重要的不是管理纪律，而是管理情绪。他们有的人为了工作满是焦虑，或者因为工作中受到不平等待遇而感到愤懑，又或者因为生活琐事而感到情绪低落，可我们不幸又是管理者，而且还在很大程度上需要他们。那么,当下属有情绪时,我们该如何安抚他们,以保证工作的正常进行呢?

第一,认真回应。

我的生活经验告诉我,以下两种回应方式对解决下属的负面情绪非常有效。

一是改变认知。有时候,下属之所以会产生负面情绪,是因为对工作的理解和认知出现了偏差,他把自己面对的工作压力过度放大了。这时,你作为上司,要做的不是减少下属的工作量,而是要减少问题所带来的负面影响。比如下属去拜访客户时被拒之门外,于是他认为自己的工作能力有问题,由此产生了畏难情绪。

这时,你再批评他,无异于雪上加霜!你当然可以说,心理素质这么差的下属要来也没用。但是,你不要忘了,你对他的态度是有示范效应的,你的雪上加霜,寒的不是这一个人的心,还有很多看客的心,其他的下属也可能因此对你产生其他的想法。凝聚力有时候不是来自锦上添花,而是来自雪中送炭。

所以,如果你能考虑到他的潜力和你的魅力,那你还是应该选择鼓励下属,让他明白一次失败并不意味着什么,要做好销售工作,就要做好被拒绝的准备。你要让他知道,他需要做的不是沮丧和害怕,而是通过失败积累经验。

二是尝试改变现状。现在的人非常实惠,口头鼓励的作用已经不大。所以，当你发现了你的下属情绪崩溃，消极怠工时，你需要寻找原因。如果经过排查，你发现下属最近被安排了很多工作，压力很大，整个人也越来越焦虑。那你光说一句"你们辛苦了"，没人会领情。

这时候，你要想消除下属的焦虑感，就要减少下属的工作量，或者增派人手帮他一起完成工作。有时候，焦虑和恐惧一样，是种可以蔓延传染的，让人坐立不安。话术不能解决根本问题，实际行动才能。所以，为了整个集体的利益，减少下属的焦虑感也是应该的。

其实，下属工作人员在一般情况下不会对领导有过高的要求。适当的鼓励和抚慰，会让下属觉得自己被重视，你安慰的力量对他来说也是会被成倍放大的。所以，一旦他们克服了焦虑感，那你接下来工作要求被满足的需要，可能也会在无形当中扩大好几倍。

第二，营造氛围，将负面情绪挡在门外。

我最近做的"十四天沟通课程"包含了很多子课程。为了做好这项工作，每个子课程的工作组都已经成立好，人员也都敲定了。但开完会后，决策组的想法就发生了变化。其中一个子课程，就被直接拿掉了，理由是过于专业，针对性不强。本来，该团队的成员都摩拳擦掌准备大干一番，听到消息后，都非常沮丧。他们跟我抱怨公司的反复无常，有几个技术大牛甚至萌生了跳槽的想法。

其实，在工作中，我们拿掉一个不合适的项目是件很正常的事。但是，要想把对员工们的负面影响降到最低，还是需要一定的交流技巧的。如果想要简单处理，我们大可以这样跟下属说："回去接着工作吧，要有信心。"

但是，这种听起来就很虚的鼓励，无法解决下属的不满和担心。所以，我们应该照顾到下属的情绪，我们可以选择这样说："出现这个问题的原因在于，我们没有把这个产品的优势表达清楚。我会再写一份报告，把我们的优势和独创性讲清楚，回应管理层的质疑。请大家相信我，我们所有的工作都不会白做，接下来，我们会用产品证明自己是对的。"

这样说，就是同时应用了我上文所说的改变现状和改变认知两种方式，让下属感到上司是真心为团队考虑的，并且非常支持下属的工作。因此，下属们不但不再会抱怨，反而会更加努力地工作。

接下来，我们针对下面几种工作中常见的情况，具体来分享一下在这些情况下，我们该如何安抚下属情绪。

1. 当下属被否定时，你和下属共同承担责任

有时，下属提出的意见或者完成的工作是被你认可的。但是，却被比你职级更高的上司否定了。这时候，下属的情绪可能会很低落，那么你就要和下属站在一起。

如果你只是告诉下属："方案被上面否了，你再重做一个吧。没

第六章
共情沟通，看不见的竞争力

办法，习惯就好了。"

你看，你的鼓励不仅很空，而且让下属的希望破灭了。你这种说法，等于直接对他说："老板就是这样的啊，以后也改不了。"

那么这时候，他可能想的就是：那我以后可怎么熬啊？

这样的话，他怎么可能还有工作积极性？搞不好，他心里的怨气不会朝着否定他的人发作，而是会朝着直属上司——也就是你发作。因此，你要做好更高级别上司和下属之间的联络员，而不是成为双方共同的出气筒。你可以这样问："这次的提案没有通过，你觉得可能是哪儿出了问题呢？我们来一起梳理一下。"

这样，你既表现出了和下属站在一起的姿态，还会让下属想办法改进工作方法，而不是消极怠工。

2. 当下属感到沮丧时，你可以用自己的失败经历安慰他

如果下属因为工作失误或者没完成任务而心情沮丧，你不要一直说："要坚强啊，振作起来啊。"

这种话很多时候不但提供不了帮助，反而会让下属更加沮丧，觉得烦。这时，你不妨把自己曾经的失败经历和下属分享，让下属从中找到共鸣，得到安慰。如果在下属眼里一直战无不胜的你也曾经失败过，那下属就能更好地看待失败。而且，你还要和下属一起找到解决问题的对策，让他不要沉浸在失败的情绪中无法自拔。

举个例子，下属去参加一项业务竞标，因为提供了错误的数据，被取消了投标资格。下属因此感到十分挫败,这时,你就可以说:"我刚进公司的时候,比你犯的错误严重多了。本来我的项目已经中标了,还没等高兴,就发现标书里的一项数据统计错了。如果按照中标价执行,会给公司造成超过百万元的损失。当时,公司炸了锅,招标方也不肯让步,所有的压力都在我身上。我那时候虽然是个愣头青,也急得想哭。后来,我几夜没睡,想了各种办法补救,又花了将近一个月时间和所有相关方交涉,总算拿下了这个项目,而且没让公司赔钱。所以呀,谁还没有过失误呢?做错了就想办法改正,把损失降到最少。来吧,我们一起想想接下来该怎么办。"

记住,这时你要说的一定是自己的例子,哪怕你只是一个小老板。因为你是离他最近的人,你是直接的当事人之一,你是传递情绪的最重要的人。下属只有听了你的切身感受,才会觉得你不是在凭空地安慰。因为你的示范效用更有可操作性和实际意义,这样,他才能重整旗鼓,重新投入工作。

3.当下属努力过却失败时,要给予关注和肯定

我们可能会有这样一种思维定式,那就是对努力过却失败了的下属说:"不用总是耿耿于怀,就是失败了一次嘛,小事一桩,不用当真。"

并且,我们会认为这在安慰对方。殊不知,如果对方明明非常努力地付出了,却被你说成是不足挂齿的小事,他心里就会更加难过。

第六章
共情沟通，看不见的竞争力

这件你口中的"小事"，对他来说可能是天大的事。因此，当你试图轻描淡写地安慰时，反而会让对方非常抵触。所以，你除了接受失败的结果，还要关注到下属努力的过程。如果你知道下属为了这项工作投入了多少心血，就不会轻易说出"小事一桩"之类的话了。

举个例子，一个下属花了很长时间准备各种材料，最后却没得到客户的认可，他感到心灰意冷，你就可以说："是不是觉得挺不甘心的？你已经这么拼了，还是没打动对方。我知道的，你的努力已经足够了不起了。而且你的方案也并不是被对方完全否定了，只是还需要改进一下。"

你的这种关注和肯定应该和对成功的赞许与奖励同等对待。中国文化中的成王败寇心理非常强。奥运会都在关注冠军，普通的观赛者会记住铜牌获得者吗？会记住第四名或是第五名吗？哪怕是他们也同样付出了巨大努力，取得了巨大突破。

所以，不把失败当成唯一的衡量标准，是一个企业向心力的重要表现，是一个人先进文化理念的组成部分。

最后，我们再来总结一下，在面对有情绪的下属时，应该把握哪几个要点。

首先，早发现早治疗。发现得早，就是关心；发现得晚，就是安慰；再晚些，那就叫作解决问题。下属的工作效率和工作态度有起伏是很正常的，但是，如果出现了毫无征兆的特殊波动，就要留心观察。你可以和下属多聊聊，看自己能提供哪些力所能及的帮助，并给下属加油打气，让下属建立信心。

其次，主动关怀也请注意表达方法。你不要上来就说："你怎么最近有点儿不对劲？"而是要试探性地询问："你今天怎么样？工作还顺利吗？如果有问题，我们及时沟通一下。"在下属回答你问题的时候，你再观察对方的反应。很多时候，下属因为担心上司的责怪，会掩饰自己的情绪。因此，你要循循善诱，并且让下属明白，你不会因此批评他，而是会尽力帮助。

最后，还请读者朋友们注意，你不要直接替下属解决问题。作为上司，你应该给予下属足够的支持，但是，千万不要凡事都亲力亲为，急着给下属收拾烂摊子。因为，当你表现得太强势时，下属也许会更加认为自己能力不足，他们的工作积极性会受到打击。

因此，你可以多问一些问题，和下属一起找出原因，然后引导下属自己去解决。如果是因为下属之间的矛盾造成了工作停顿和情绪失控，你就要帮助他们化解分歧，并且让他们明白，大家都身处同一个团队，要携手同心才能让工作顺利进行。但是，如果矛盾一直存在甚至扩大化，那么不但双方会有情绪，整个团队也会因此受到影响，最终的结果是导致大家都不开心。

有时候，想想我们茶余饭后，一直吐槽领导这个那个，但是领导也是有苦衷的，和稀泥是必不可少的技能，搞平衡是必须走的过

第六章
共情沟通，看不见的竞争力

场。领导也担心你没事就辞职，他们需要稳定；领导也不敢随意发脾气，他们怕被你们怼回来还无力反驳，他们不要面子的吗？反正啊，好好说话、好好交流，我们要尽可能用交流把负面情绪最大限度地化解掉，争取做一个和善的人。

◇ **共情沟通：征服人心的艺术**

聪明的人，都会把前老板变成资源

前段时间，网络上有一句特别流行的话：在公司里，不要随便责骂90后，他们会辞职的。

看到这句话时，我莞尔一笑，觉着似乎有点儿言过其实了。90后虽然心思比较活络一些，但也没到一句"责骂"都承受不了的地步。

不过，我们必须正视一个现实：时代在改变，经济在发展，入职、离职在现在的时代，已经成了一件非常平常的事。

连着好几次了，很久不见的朋友见面之后都会问我一句："你还在某某地方工作吗？"

我听了后就会一愣，略微迷茫，为什么大家都好像商量好了一样，异口同声地问这个问题呢？

直到有一天，我在办公室门口听到助理和别人聊天，他说："也就是我爸他们那一辈人，会在一个单位工作到退休，还天天教育我不要老跳槽、老换工作。你说我能听他的吗？微信都是我教的，还

第六章
共情沟通，看不见的竞争力

教我做事？"

这时候，我才深深感觉到离职、入职在现代生活中，已经变得越来越平常了。

说实在话，我觉得工作和谈恋爱有点儿相似，人在一个地方工作久了，要离开时，最能看出一个人的境界。只是附加在恋爱上面的道德成分和情感因素更多、更复杂而已。学会优雅地转身，是人生的一堂重要课程。只要你不是整容式的跨界跳槽，那么总有和老东家再碰面甚至合作的机会。离职不是相忘于江湖，而是积累你的行业人脉。因此，离职时给对方留下一个好印象很有必要。而如果能将前老板变成自己的资源，就更好了。所以，在这一章节，我们就来学习一下怎样向你的领导提出辞职。

一、守住底线，提前告知

首先，我们一定要遵循的一条原则，就是提前告知。作为一个成年人，以及一个专业的职场人士，一定要和公司打好招呼，交接好手头的工作再离职。

有人会说："公司不肯放人怎么办？"

这个很好回答："除非你足够优秀，以至于不可替代，否则公司不会强行把你留下。公司挽留你，让你'再考虑考虑'的时候，通常是正在找一个合适的人选接替你的位置。同时，根据《劳动法》的规定，你有权在提出辞职之后的一个月后走人，谁也不能拦你。"

但是，请记住：走之前一定要配合公司做好交接，履行好自己的义务。我从前有一个助理，虽然他走得很潇洒，提前告知的时间也很短，但是交接的工作还是做得非常细致，每一项内容，连我下个月开会的内容需要什么材料都备注出来了，新来的助理根本不需要再一项一项地跟我核对。所以到目前为止，我和我的前任助理现在还是好朋友。

但是，我也见过太多负面的例子。比如我们做媒体的，以前就有知名主持人直接在微博上"通知"辞职的例子，用语还非常激烈。然后，他就收拾东西走了，再没出现过。

虽然他是我朋友，但我依然觉得他的做法不妥。照理说，做媒体出身，什么委屈没受过？最后还是展示了自己不成熟的一面，以后哪个平台敢让你在大众传媒上说话？这次你微博辞职，下次来个直播辞职，领导可承受不起。所以，我的这个朋友就是自寻死路。

我上次在一家金融企业做课程培训，他们的一名负责人跟我讲，他现在对90后既恐惧又气愤，反正就是不信任。说这话的时候，他的愤怒简直无以复加，追问下去，我才了解到了事情真相。

原来，他那天想激励一下刚进公司工作的几位年轻人，于是在群里发了这样一个通知："各位新晋同事们，估计大家收到录取通知的时候应该非常开心，但是，目前到底哪些人能在集团里顺利发展我还不得而知。我很坦诚地跟大家说，你们中的大多数人并不符合

第六章
共情沟通，看不见的竞争力

我们预期的用人要求，你们各位也心知肚明，之所以还给了大家机会，缺人是重要原因，但在这里，我也明确地表态，现在我们需要的是复合型人才，如果目前能力一般，那就必须具备培养前途。希望大家继续努力。"

结果第二周就有三个人不来上班了，电话也打不通。半个月后，其中的一个人才发短信告诉他，如果公司对他们不满意的话，他们也感觉挺没劲的，所以就去了别的地方。

我跟这位负责人说："你的这条通知的确有问题，对90后不合适，激励效果不仅没有，还起到了反面作用。但是这几个孩子转身就走，招呼也不打，的确不应该。"我问朋友："那你后来是怎么处理的？"他说他只能选择把这几个人的简历发给所有他认识的公司HR（人力资源）和猎头，告诉他们这几个人永远都不要录用。他也知道自己这样做不厚道，但是唯有这样才能稍稍解气一点儿。

但对这几个刚出社会的孩子来说，他们的"意气"之举，想想看，又给自己带来了什么好处呢？得不偿失罢了。

二、郑重结束，写辞职信

离职时，我们需要一个正式的书面说明，把自己的辞职意愿表达出来。其中，在信息价值方面最核心的要素是我们要说明辞职原因。一般情况下，有了合理的说明其实就足够了，但在我看来，辞职信的情感价值却是更重要的。

我们先来看辞职理由。最常见的恋爱分手的理由是感情不和、没有未来。可无论说什么，都掩盖不了本质——其实就是不爱了。常见的离职的理由也有很多，但最常见的理由往往只有四个字——个人原因。这四个字看似简单，其实包含了几乎所有可能，而且让人找不出毛病。

当然，你以个人原因为理由提出辞职之后，通常来说，你的直属领导会找你谈一谈。如果你的工作非常重要，领导的领导可能还会再找你谈一次。当你和领导沟通时，要尽量真诚地说出自己辞职的理由。但是这里的真诚并不代表随心所欲，而是让人认为你的理由是值得信服的。即使你不认可对方的管理能力，也要心平气和地说："我觉得我不太适应公司的工作环境和工作方式。"

马云说得好："员工的离职原因林林总总，只有两点最真实，一是钱没给到位，二是心委屈了。员工临走前还费尽心思找靠谱的理由，是为了给你留面子。"

领导有理解心当然好，没有也不能强求。作为员工，最真实而不好说的理由，就自己知道吧，不用直接说出来。

你可能已经选择了更好的下家，也得到了更满意的薪酬，但是这些尽量不要和老东家"炫耀"。你对公司的不满之处，你可以以建议的形式提出来，不要发泄怨气，而是要合理建议，要站在客观的角度，注意分寸。这样一来，领导会认为你在离职时还能为公司

第六章
共情沟通，看不见的竞争力

考虑，会对你有一个更好的印象。就像老话所说的，同在一个行业里，低头不见抬头见，所以要给自己留好后路。如果你只是一味地抱怨，那么领导只会想：既然我们公司这么差，那么你怎么到今天才辞职？

如果领导在跟你谈话的时候，十分真诚地挽留你，愿意给你加薪，也表示可以给你调整工作岗位，这时你也要用温和的态度坚定地表达辞职的决定，同时对他表示感谢。道理很简单，你这时动摇了决心，因为对方开出的条件不错而留下了，领导就会认为你是在以辞职作为要挟的手段，今后不但不会看重你，反而会对你有所防备。但如果你和公司真的有缘，即便离职了，未来也有可能再回到原点。

理由说清楚了，我们再来看情感价值。不管你对原单位有多少不满，我个人觉得，还是应该以感谢为主。就像分手了，没人要听你说前任的坏话一样。我们不在你的生活场景里，很难还原和完全相信你的单方面说辞。你对前面的公司充满抱怨，"分手"分得很难看，即使你再有委屈，恐怕也要被大家看低，觉得你气量小了。人就是这样，不发生在自己身上，是很难体会到那个状态的，所以别变成传播负能量的祥林嫂。感谢，即便是违心的感谢，起码还能让你少树敌，多被赞。感谢什么能让你的心比较平静、不太委屈呢？

首先，你应该感谢公司提供了一个平台，让你能够学习和进步，

◇ **共情沟通**：征服人心的艺术

同时要简略说明自己在职期间没有辜负公司的培养，做出了自己的贡献。你要表明离职的意愿并说明理由，请公司批准。

在这里，我给大家准备了一个模板以供参考：

××领导：

我进入公司已经三年多了。在这三年里，感谢领导和各位同事的支持和鼓励，让我学到了很多专业知识，积累了工作经验。我有幸结识了一些十分优秀的人，他们是我学习的榜样。在这几年里，我在工作上投入了全部精力，和公司一起成长，见证了公司的飞速发展。

遗憾的是，我由于个人的原因，无法继续参与公司未来的辉煌。经过一段时间的慎重考虑，我在此提出辞职，希望领导给予批准。

…………

其次，你可以感谢你的老板。

生活当中也许每天都在发生员工离职时大骂主管的情况，甚至把对方痛扁一顿，然后"事了拂衣去，深藏功与名"。也许有，但不能全信，更不能跟随，编段子的人可能忘了我们是个法治国家，随意殴打辱骂他人总是不对的。在辞职时，我们要多记得老东家的好，而那些曾经发生过的不愉快，过去的就让它过去吧。如果你在就职期间选择了忍耐和释怀,那么在离开时,大可不必给人留下睚眦必报的印象。

可以这样说,即便你在当前的公司里工作得并不开心,事实上也锻炼了你应付恶劣环境的能力。所以说,你总会或多或少地学会一些东西。

最后,也别忘了感谢自己的直属领导,并且请他代为转达你对同事的感谢。这些都是平时和你接触最多的人,给了你很多帮助,你的第一手经验都可能是向他们学到的,所以要感谢领导对你的培养和照顾,使你从菜鸟变成老手。日后,如果你们仍然属于同一个行业,那么就给彼此留下一个好印象吧。

美国著名管理学家乔迪·格里克曼说过:"你会想要留一条后路。你的职业生涯还很长,因此,你不可能知道下一次机会将会从何而来。"

通常来说,被由衷感激和赞美之后,领导和老板都不会为难你,反而会送上祝福,祝你在新的工作岗位取得更好的成绩。你还可以借此机会向领导请教,自己曾经犯过哪些对方碍于面子没有指出的错误,以后需要在哪些方面努力。在你即将离开公司的时候,一个好的领导会给你很多好的启发,让你对未来更有信心。

三、避免纠纷,巩固友谊

我们之前说的是比较理想的情况——大家好聚好散,各奔前程。

但是要想做到这一点，就要先把该处理的问题处理好，避免不必要的纠纷。

首先，要把自己的本职工作安排好。如果之前有未解决的问题，在离职以后还可能带来风险，就要留存好证据，例如工作的往来邮件、同事之间的聊天记录等，以备不时之需。

然后，如果你的工作岗位比较敏感，那么务必和你的继任者交接好，请同事或领导在旁监督公证，并且要有正式的书面备案。尤其是财务工作，更容不得一丝一毫的差错。

所以，希望读者朋友们在离职时，都能"潇洒而优雅"地离去，也祝愿大家步步高升，每一次转型升级都称心如意！

结 语

生活本就是千疮百孔，泥沙俱下，没有人能够一帆风顺，畅通无阻。

可是，职场如战场，"硝烟"四起；生活从狗血到一地鸡毛；婚姻像四顾无人的黑色坟墓；人生之路从礁石遍布到坎坷难行……

但在这茫茫世间，我们的一句贴心言辞，可以化作灯塔，指引他人人生之舟前行的方向；可以化作清风，不经意间变成他人绝望心头的瞬息温暖；可以化作夜空深处最耀眼的北极星，点亮我们单调无聊的生活。

所以，我这本《共情沟通：征服人心的艺术》诞生了，愿倾我毕生之力，帮助读者朋友们在聊天技巧方面更上一层楼。有些朋友可能会说，这是一种"圆滑世故"的表现，可是我觉得，茫茫世间，如果我们能通过我们说话时的这一点儿小技巧，给身边的朋友们带来幸福和欢笑，让我们的工作效率再上一个台阶，那我们何乐而不为呢？

我知道，市场上充斥着许多书籍，关于培训的，关于做人的，关于成功学的……浩如烟海，却也鱼龙混杂。大家不一定会看完我编写的这本书，也不一定会记住我讲的所有技巧，甚至还有很多疑虑、很多反对、很多迷茫！但都没关系。这整整二十六章节的内容，只要能促使大家有意识、用心地与人交流，慢慢地寻找自己的说话方式，我觉得我的目的就达到了，因为生活还在继续、交流还在继续、学习还在继续，周遭的一切，连同这个宇宙，也都在继续……我们还有很多很多的时间。

看啊，交流在继续。从美国Twitter（推特）治国的总统，到上海柴米油盐的老娘舅，没有人能离开交流。读书与工作、面包与咸菜都要自己一步一个脚印、一口唾沫一个钉地去完成和争取。但是，生活的压力有时候会异化我们，让我们不愿意多说话，甚至不愿意好好说话。特别是在这样一个山楂树少、圣诞树多的年代，我们对物质的追求远远大于对心灵的关照。可越是如此，我们就越应该关注自己的内心，没有真诚交流欲望的谈话是没有灵魂的。

学习在继续。做了这么多年的学生，学习有时候对大家来说是被动的，甚至是一种负担。但我想，像我们这样的交流应该是大家主动选择的。读者朋友们选择拿起我的书，我想，绝不是出于非常功利的目的吧？我想，大家应该是为了有一双慧眼和一口"莲花"吧？所以，请大家不要把精力都放在我分享了多少技巧上面，更不要随意看看就算了，要记得去思考，哪怕你们反对；记得去应用，哪怕最开始并不成功。要知道，动脑子的学习才是对自己时间的最大尊重。

还有，梦想也在继续。我们不能盼着每时每刻都能将学到的技

结语

巧转化为生产力，它们在很大程度上，并不能即刻变成雪白的馒头。但是，如果我的某一句话可以帮你筑起心灵的堡垒，对抗繁华的喧嚣，或者促使你们有了一步步扎实的行动，从一个舞台走向更大的舞台，那我的梦想便实现了。可是，你的梦想呢？所以，你要相信自己，相信自己一定会把说话进行到底，最终成为表达的大师。

其实，不管大家来自哪里，如果我们想与人交流、说话、聊天、沟通……为大家背书的不是《共情沟通：征服人心的艺术》这本书，不是大飞老师我，而是你们自己的内心，是智慧、学识、教养、品位。愿这些东西能够一直陪着你们。要知道，说话不是生活的大餐，它只是维生素。有了它，你不会觉得有什么；可若没有它，却会给我们的生活带来很大的不便！

我动笔写这本书时，是一年前的春天，可那种感觉却像是在盛夏——气氛欢脱而热烈；搁笔的时候是在盛夏，但感觉却像是在春天，因为我们彼此无形的交流都是一粒小小的种子，在我们的心里发芽生长。

《共情沟通：征服人心的艺术》这本书到现在真的要跟大家告别了，感谢每一位读者朋友的支持和鼓励，感谢帮助我出版这本书的出版社和幕后团队，感谢你们的坚持和努力。没有你们，就不会有这本书。

我在此，衷心地谢谢大家！